© 2023 Nabil BABACI; Erol GIRAUDY; Etienne LEGENDRE; Frank POIREAU; Kevin TRÉLOHAN.

Édition : BoD – Books on Demand, info@bod.fr
Impression : BoD – Books on Demand, In de Tarpen 42, Norderstedt (Allemagne)
Impression à la demande

ISBN : 978-2-3221-8950-2

Dépôt légal : juin 2023

OpenAI© et Microsoft©

des

solutions, une gouvernance

par des experts

Tome 1.

OpenAI© et Microsoft© des solutions, une gouvernance par des experts Tome 1.

Microsoft : Teams, Windows, Microsoft 365, Bing, Edge, Create, Designer, Clipchamp, Loop, Azure, Copilot…

Nabil BABACI – P. Erol GIRAUDY – Etienne LEGENDRE - Frank POIREAU - Kevin TRÉLOHAN - Nils HAMEL.

13 juin 2023.

Sommaire :

I.	Introduction	7
II.	Historique des GAFAM selon ChatGPT©	13
III.	Microsoft© et OpenAI©	23
IV.	Bing© et Edge© avec ChatGPT©	26
V.	DALL-E©, Designer© et Create©	58
VI.	Copilot©	79
VII.	Microsoft Teams, SharePoint, Loop et les autres !	94
VIII.	La conception de solutions : de Power Platform à AZURE AI en passant par les outils de développeur (Github et Visual Studio)	124
IX.	Les autres solutions d'IA des GAFAM	152
X.	Les effets de cette technologie sur l'économie	170
XI.	Les métiers de l'IA et ses applications	180
XII.	Conclusions et réflexions	201
XIII.	Glossaire	212
XIV.	Les sites de références et leurs urls	221
XV.	Qui sont les co-auteurs ?	223

I. Introduction

Origines de l'IA : Le terme "intelligence artificielle" a été créé par John McCarthy et est souvent abrégé par le sigle "IA" (ou "AI" en anglais, pour artificial intelligence). Le mot "intelligence" vient du latin "intelligentia", qui signifie "compréhension, discernement, intelligence". Le mot "artificiel" vient du latin "artificium", qui signifie "art, métier, habileté".

John McCarthy, né le 3 septembre 1927, à Boston (Massachusetts) et mort le 24 octobre 2011 à Stanford (Californie), est le principal pionnier de l'intelligence artificielle avec **Marvin Lee Minsky** ; il incarne le courant mettant l'accent sur la logique symbolique.

La Société de l'esprit est à la fois le titre d'un livre édité en 1986, et le nom d'une théorie de la nature de l'intelligence développé par Marvin Minsky. Voir son ouvrage : « La Société de l'esprit ».

Aujourd'hui, nous sommes confrontés à un autre infini : l'infiniment complexe. Mais cette fois, plus d'instrument. Rien qu'un cerveau nu, une intelligence et une logique désarmés devant l'immense complexité de la vie et de la société. (Le Macroscope de Joël de Rosnay – 1975).

Avec l'évolution rapide de l'intelligence artificielle (IA), les entreprises et les organisations cherchent de plus en plus à intégrer des solutions d'IA dans leur environnement de travail pour améliorer leur productivité et leur efficacité. OpenAI est l'un des principaux acteurs dans ce domaine, en proposant des modèles d'IA de pointe et des outils de développement pour aider les entreprises à exploiter le potentiel de l'IA.

D'un autre côté Microsoft, acteur clé dans le monde de la technologie numérique, propose une large gamme de solutions telles que Teams, Windows, Microsoft 365, Word, Excel, PowerPoint, Create, Designer, Clipchamp, Loop, Edge, Bing, GitHub, pour ne citer que quelques exemples et surtout avec l'appui de Copilot. Ces solutions sont utilisées par des millions d'utilisateurs dans le monde pour leur permettre de travailler de manière plus productive, créative et collaborative.

Dans ce livre, nous allons explorer comment les solutions Microsoft peuvent être utilisées en collaboration avec OpenAI pour aider les experts dans leur travail quotidien. Nous allons examiner comment les outils tels que Microsoft Teams peuvent être utilisés pour faciliter la communication et la collaboration entre les membres de l'équipe, et comment les solutions de productivité telles que Microsoft 365 peuvent être combinées avec des modèles d'IA pour automatiser les tâches répétitives, améliorer la qualité des documents et des présentations, et plus encore, notamment en ce qui concerne la sécurité.

Nous allons également explorer des outils tels que Microsoft Edge, Bing et GitHub pour la recherche et le développement, et examiner comment ces outils peuvent être utilisés en combinaison avec des modèles d'IA pour accélérer le processus de développement et créer des produits innovants.

Dans les chapitres suivants, nous allons fournir des exemples concrets de la manière dont ces solutions Microsoft peuvent être utilisées avec OpenAI pour aider les utilisateurs dans des domaines tels que le marketing, la finance, la vente, la production, la santé, l'éducation et l'armée.

Ce livre est destiné aux utilisateurs de différents domaines qui souhaitent améliorer leur productivité et leur efficacité en utilisant des solutions d'IA et plus spécifiquement celles d'OpenAI avec les solutions Microsoft en y incluant Copilot.

Ce livre vise à permettre aussi aux lecteurs de mieux comprendre les possibilités offertes par l'IA ainsi que les solutions proposées par Microsoft, en leur donnant les connaissances nécessaires pour exploiter pleinement leur potentiel.

L'ouvrage aborde l'omniprésence de l'intelligence artificielle dans les médias ainsi que la nécessité de comprendre ses spécificités pour assurer un développement contrôlé et une adoption par tous. Il examine les impacts de l'IA sur la société, les projets, les compétences et les autres technologies, ainsi que les éléments clés qui permettent de comprendre les spécificités des IA, tels que les avantages, les limites et les risques. Il se concentre sur les quatre piliers des IA, à savoir la puissance de traitement et de communication, les logiciels, les données et la sécurité.

Enfin, il met en avant les perspectives d'évolution de l'informatique qui devraient favoriser le développement des IA, tout en soulignant l'importance d'une mise en œuvre maîtrisée pour des IA dignes de confiance.

Ce livre constitue une ressource incontournable pour tous ceux qui souhaitent en savoir davantage sur l'intelligence artificielle. Grâce aux solutions et applications de Microsoft, les lecteurs pourront approfondir leur compréhension de ce domaine en évitant le "GAP numérique" qui pourrait se produire avec l'arrivée de l'IA via Copilot dans les solutions Microsoft.

Le graphique présenté dans cet ouvrage illustre les quatre axes de réflexion qui seront abordés tout au long de celui-ci.

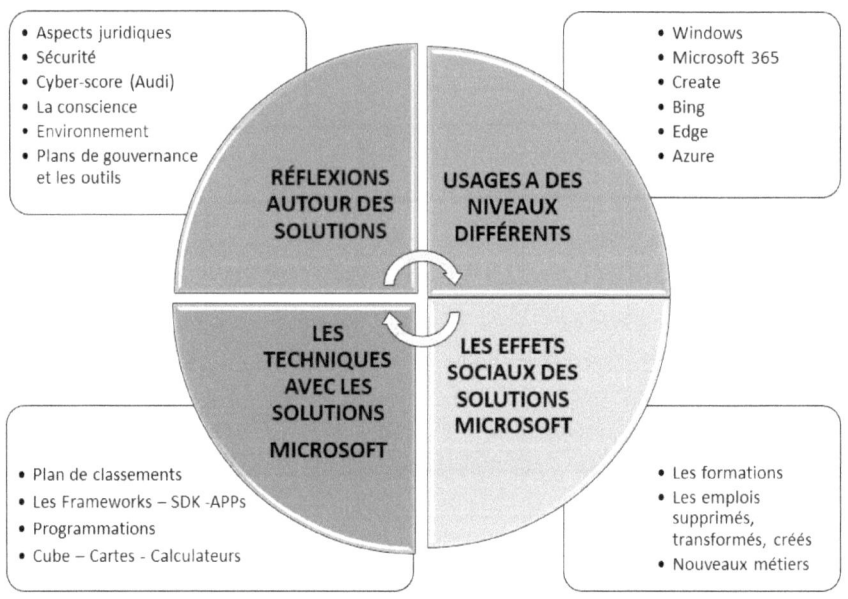

Nous allons essayer d'avoir une vision macroscopique (voir le macroscope de Joël de ROSNAY), puis une vision microscopique en tenant compte de l'écosystème (aperçu systémique). Afin d'aborder certains chapitres avec une image à un instant « T » au niveau mondial, puis Européen, et enfin de celui d'un pays.

L'innovation rapide dans les services numériques reposant sur l'intelligence artificielle (IA) remet en question les réglementations existantes dans un large éventail de domaines politiques. L'Union européenne (UE) a poursuivi une position de leader mondial en matière de réglementation éthique de l'IA, contrairement aux approches américaines de laissez-faire et de surveillance de l'État chinois.

Il faut se poser la question : comment les approches apparemment hétérogènes de la tenue de marché et de l'IA éthique sont tissées ensemble à un niveau plus profond dans la réglementation de l'UE. En combinant l'analyse quantitative de tous les documents officiels de l'UE sur l'IA avec une lecture approfondie de rapports clés, de communications et de corpus législatifs, nous démontrons que l'intégration du marché unique constitue un moteur fondamental mais négligé et un principe structurant de la nouvelle réglementation de l'IA.

Sous l'influence de ce principe, la suppression des obstacles à la concurrence et à la libre circulation des données, d'une part, et la garantie d'une IA éthique et responsable, d'autre part, sont considérées comme compatibles et même se renforçant mutuellement.

Concernant le prochain tome à paraître

Le tome 1 constitue une ressource incontournable pour tous ceux qui souhaitent en savoir davantage sur **l'intelligence artificielle.** Grâce aux solutions et applications de Microsoft, les lecteurs pourront approfondir leur compréhension de ce domaine en évitant **le "GAP numérique"** qui pourrait se produire avec l'arrivée de **l'IA via Copilot** dans **les solutions Microsoft.**

Les formations vont être une nécessité afin de pouvoir bien maîtriser les solutions d'AI, cela va demander une mise en place rapide afin de prévenir les « gap » entre les sachants et les apprenants (qui doivent progresser au risque de se marginaliser).

Le tome 2, les objectifs de ce livre sont multiples. Tout d'abord, il vise à fournir une compréhension approfondie de l'IA et de ses applications. Ensuite, il explore les défis liés à **la gouvernance de l'IA** et présente des cadres et des normes pour garantir une utilisation responsable de l'IA. Il propose également **des techniques d'audit pour évaluer les performances des systèmes d'IA.**

Enfin, il examine les **applications de l'IA** dans divers domaines et met en évidence les opportunités et les défis associés.

Dans l'ensemble, ces 2 livres sont une ressource importante pour les décideurs, les régulateurs, les auditeurs et les professionnels de l'IA qui cherchent à comprendre les enjeux clés liés à l'IA et à garantir une utilisation responsable et efficace de l'IA.

Une petite précision : quand vous voyez la tête de ce petit robot en noir et blanc cela signifie que **ce texte est écrit par ChatGPT.** [i]

Seconde précision ce petit robot souriant sur la couverture de ce livre a été conçu avec Bing© plus DALL-E©, puis compléter avec Designer de Microsoft©.

II. Historique des GAFAM selon ChatGPT©

En résumé, l'introduction du livre "OpenAI et Microsoft des solutions, une gouvernance par des Experts" met en évidence les sujets clés qui seront explorés dans les sections suivantes.

Elle présente les entreprises et les technologies impliquées dans le livre, ainsi que l'importance de l'IA et de la collaboration pour les entreprises modernes.

 **Peux-tu nous expliquer l'histoire d'OpenAI ?**

Bien sûr !

OpenAI est une organisation de recherche en intelligence artificielle (IA) fondée en décembre 2015. Son objectif principal est de développer et de promouvoir des IA sûres et bénéfiques pour l'humanité.

L'histoire d'OpenAI est marquée par diverses étapes et événements clés.

L'idée d'OpenAI est née de la préoccupation partagée par un groupe de chercheurs et d'entrepreneurs, notamment **Elon Musk, Sam Altman, Greg Brockman, Ilya Sutskever, Wojciech Zaremba** *et d'autres, concernant les implications potentielles de l'IA sur la société.*

Ils ont créé OpenAI dans le but de s'assurer que l'IA se développe de manière responsable, sécurisée et bénéfique pour tous.

Au départ, OpenAI était une organisation à but non lucratif, axée sur la recherche en IA et le partage des résultats de manière ouverte pour le bénéfice de tous.

Ils ont publié de nombreux travaux de recherche et ont contribué à l'avancement de domaines tels que l'apprentissage automatique et le traitement du langage naturel.

Cependant, en 2019, OpenAI a annoncé une nouvelle orientation stratégique. Ils ont lancé OpenAI LP, une société à but lucratif, afin de mobiliser des ressources financières supplémentaires pour soutenir leurs activités de recherche.

Cette décision visait à permettre à OpenAI de maintenir son indépendance et sa mission à long terme.

*L'une des réalisations les plus notables d'OpenAI est le développement de l'architecture GPT (**Generative Pre-trained Transformer**), dont je suis une itération appelée GPT-3.*

L'architecture GPT est un modèle d'apprentissage automatique de pointe qui excelle dans le traitement du langage naturel et la génération de texte.

OpenAI a également organisé des défis et des compétitions, tels que le défi Dota 2, où ils ont développé une IA capable de battre des joueurs professionnels dans le jeu vidéo Dota 2.

L'organisation a continué à évoluer depuis sa création, en élargissant ses activités de recherche, en collaborant avec d'autres institutions et en travaillant sur des projets à fort impact, tout en maintenant un engagement envers la sécurité et la responsabilité de l'IA.

 **Quelles informations avez-vous sur les accords entre OpenAI et Microsoft ?**

En 2016, Microsoft a annoncé un partenariat stratégique avec OpenAI, une entreprise de recherche en intelligence artificielle (IA) co-fondée par Elon Musk et d'autres leaders de l'industrie de la technologie. Le partenariat visait à développer des technologies d'IA avancées tout en assurant que ces technologies soient sûres et éthiques.

En 2019, Microsoft a investi 1 milliard de dollars dans OpenAI pour aider à financer la recherche et le développement d'une nouvelle génération de technologies d'IA. Dans le cadre de ce partenariat, Microsoft a également acquis une licence exclusive pour utiliser les technologies d'IA développées par OpenAI dans ses produits et services.

Depuis lors, les deux entreprises ont travaillé sur plusieurs projets d'IA ensemble, notamment le développement de modèles de langage naturel de pointe tels que GPT-3, qui est largement considéré comme l'un des modèles les plus avancés au monde.

En 2020, Microsoft et OpenAI ont annoncé la création d'un nouveau superordinateur basé sur le cloud, baptisé "Azure AI Supercomputer", qui est l'un des ordinateurs les plus puissants du monde et est utilisé pour accélérer la recherche en intelligence artificielle.

En septembre 2020, OpenAI et Microsoft ont annoncé un partenariat stratégique. Voici quelques informations disponibles sur cet accord à cette date :

Investissement financier : Microsoft a investi 1 milliard de dollars dans OpenAI afin de soutenir ses activités de recherche en intelligence artificielle (IA).

Azure comme plateforme de cloud préférée : OpenAI a choisi Microsoft Azure comme sa plateforme de cloud préférée pour déployer ses services et ses solutions d'IA. OpenAI utilisera les services d'Azure pour développer et fournir de nouvelles technologies d'IA à grande échelle.

> *Collaboration en recherche : Les deux entreprises ont convenu de collaborer étroitement sur des projets de recherche en IA afin de repousser les limites de l'innovation dans le domaine. Cela inclut la recherche fondamentale, l'expérimentation de nouvelles idées et la création de nouvelles applications.*
>
> *OpenAI comme conseiller en IA pour Microsoft : OpenAI a accepté de servir de conseiller en matière d'IA pour Microsoft. Les experts d'OpenAI travailleront en étroite collaboration avec les équipes de recherche et de développement de Microsoft pour guider le développement éthique et responsable de l'IA.*
>
> *Cependant, veuillez noter que ces informations sont basées sur l'accord annoncé en septembre 2020 et qu'il peut y avoir eu des développements ultérieurs depuis lors.*
>
> *Je n'ai pas accès à des informations actualisées au-delà de ma date de coupure de connaissances en septembre 2021.*
>
> *Pour les informations les plus récentes sur les accords entre OpenAI et Microsoft, je vous recommande de consulter les sources officielles d'OpenAI et de Microsoft.*

OpenAI en quelques chiffres

Voici quelques chiffres qui permettent de mieux comprendre l'ampleur d'OpenAI :

- 186 millions de comptes créés (chiffres de mars 2023),
- 1,6 milliard de visites uniquement durant le mois de mars 2023 sur ChatGPT,
- 700 000 dollars par jour pour que ChatGPT reste opérationnel. La plupart des coûts sont liés aux serveurs,
- 8 minutes de temps de visite moyen sur ChatGPT,
- 1 milliard de dollars de chiffre d'affaires en 2024 : ce sont les ambitions qu'a affiché l'entreprise auprès de ses investisseurs.

Voir en fin de cet ouvrage dans les notes de fin[ii]

	**Me fournir des informations sur les produits d'OpenAI et leurs intégrations avec ceux de Microsoft**

OpenAI est une entreprise de recherche en intelligence artificielle qui se concentre sur le développement de technologies d'IA avancées. Certains des produits d'OpenAI incluent :

- *GPT (Generative Pre-trained Transformer) : une famille de modèles de langage naturel préentraînés qui peuvent être utilisés pour effectuer une variété de tâches de traitement du langage naturel, telles que la traduction automatique, la génération de texte et la réponse à des questions.*
- *DALL-E : un modèle de génération d'images qui peut créer des images à partir de descriptions textuelles.*
- *Codex : un modèle de génération de code qui peut écrire du code en se basant sur des descriptions textuelles.*

Microsoft a intégré certains des produits d'OpenAI dans ses propres produits et services. Par exemple :

- *GPT-3 est intégré dans le produit de chatbot de Microsoft, Power Virtual Agents, pour permettre aux utilisateurs de créer des chatbots plus avancés.*
- *OpenAI a travaillé avec Microsoft pour développer des fonctionnalités d'IA avancées pour Microsoft Teams, notamment la capacité de répondre à des questions et d'effectuer des tâches en langage naturel.*
- *OpenAI a également travaillé avec Microsoft pour développer des fonctionnalités d'IA avancées pour Azure, la plateforme de cloud computing de Microsoft, notamment le service de machine learning Azure Cognitive Services.*

En travaillant ensemble, Microsoft et OpenAI ont l'intention de créer des technologies d'IA avancées qui peuvent être utilisées pour résoudre des problèmes complexes et améliorer les produits et services de Microsoft.

La sortie du GPT-4 d'OpenAI est une avancée significative qui s'appuie sur plusieurs années d'innovation rapide dans les modèles de base.

GPT-4, qui a été formé sur le supercalculateur Microsoft Azure AI, a montré des capacités considérablement améliorées dans de nombreuses dimensions, de la synthèse de longs documents à la réponse à des questions complexes sur un large éventail de sujets et à l'explication du raisonnement derrière ces réponses, en passant par le récit de blagues et écrire du code et de la poésie. Ahmed H. Awadallah, responsable principal de la recherche chez Microsoft, faisait partie d'un groupe de chercheurs de l'entreprise qui ont travaillé en partenariat avec OpenAI pendant plusieurs mois pour évaluer les capacités de ce nouveau modèle.

Les GAFAM et l'IA

Dans leur quête pour être à la pointe de l'innovation technologique, les géants de la technologie, communément appelés les GAFAM (Google, Amazon, Facebook, Apple, Microsoft), ont engagé des investissements massifs dans le domaine de l'intelligence artificielle (IA).

Ces entreprises visionnaires ont compris le potentiel transformateur de l'IA et ont entrepris de développer des technologies avancées pour améliorer leurs produits et services, ainsi que pour façonner l'avenir de l'industrie.

Chez Google, l'IA est profondément ancrée dans leur ADN. Ils ont acquis plusieurs startups spécialisées dans l'IA, dont DeepMind, reconnue pour ses avancées significatives en matière d'apprentissage automatique. Google a également créé Google Brain, une équipe de recherche dédiée à l'IA, qui explore les limites de l'apprentissage profond et de l'apprentissage par renforcement.

Mais leur contribution majeure réside dans **TensorFlow**[iii], une bibliothèque open-source de machine learning largement adoptée, qui permet aux développeurs d'accéder à des outils puissants pour créer leurs propres modèles d'IA.

Amazon, de son côté, a investi massivement dans Amazon Web Services (AWS), une plateforme de cloud computing. AWS propose une gamme complète de services d'IA et de machine learning, permettant aux développeurs et aux entreprises de tirer parti de ces technologies sans avoir à construire leur propre infrastructure. Amazon SageMaker, un service de machine learning entièrement géré, simplifie le développement et le déploiement de modèles d'IA. Parallèlement, Amazon s'est également concentré sur des domaines spécifiques, tels que la reconnaissance d'images avec Amazon Rekognition, ou encore l'amélioration de l'expérience client grâce à des systèmes de recommandation basés sur l'IA.

Facebook a fait de l'IA une composante essentielle de sa plateforme sociale. Ils utilisent l'IA pour des applications telles que la reconnaissance faciale, permettant de marquer automatiquement les amis dans les photos, et la traduction automatique dans Messenger pour faciliter la communication entre les utilisateurs de différentes langues. Facebook a développé PyTorch, un framework d'apprentissage automatique populaire, qui offre aux chercheurs et aux développeurs un environnement flexible et puissant pour expérimenter et créer des modèles d'IA innovants. En outre, Facebook a effectué des acquisitions stratégiques, comme Oculus VR pour la réalité virtuelle, afin de fusionner l'IA avec des technologies émergentes et de créer des expériences immersives.

Apple a également reconnu l'importance de l'IA pour ses produits et services. Siri, l'assistant vocal intelligent d'Apple, repose sur des algorithmes d'IA sophistiqués pour comprendre et répondre aux requêtes des utilisateurs. L'application Photos utilise l'IA pour reconnaître et classer automatiquement les images en fonction de leur contenu. Apple a introduit Core ML, un framework d'apprentissage automatique, qui permet aux développeurs d'intégrer facilement des fonctionnalités d'IA dans leurs applications iOS. Ils ont également procédé à des acquisitions stratégiques pour renforcer leurs capacités en IA, comme Turi, une entreprise spécialisée dans l'apprentissage automatique et la science des données.

Dans l'ensemble, les investissements des GAFA dans l'IA reflètent leur détermination à rester à l'avant-garde de l'innovation technologique. Ils ont constitué des équipes de recherche dédiées, acquis des startups prometteuses, développé des outils et des frameworks d'IA, et intégré l'IA dans leurs produits et services existants. Ces investissements massifs témoignent de leur conviction que l'IA est un moteur clé de la prochaine révolution technologique et qu'elle façonnera l'avenir de l'industrie dans les années à venir.

Que penser de BARD de Google ?

BARD (Big Ass Robots Division) est un projet de Google qui vise à développer des robots capables d'effectuer des tâches complexes dans des environnements difficiles, tels que les usines, les chantiers de construction ou les entrepôts.

Le nom "Big Ass Robots" (robots culottés) fait référence à la taille impressionnante de ces machines.

Il est important de noter que BARD n'est plus un projet actif de Google depuis 2016. Cependant, il a posé les bases pour des recherches et des développements ultérieurs dans le domaine de la robotique industrielle.

Dans l'ensemble, le projet BARD était intéressant car il cherchait à résoudre des problèmes concrets dans des environnements difficiles, en utilisant des technologies avancées telles que l'apprentissage automatique et la vision par ordinateur.

Cependant, comme tout projet de recherche et développement, il y avait des défis à relever, tels que la taille et le coût élevé des robots, ainsi que leur capacité à s'adapter à différents environnements de travail.

En somme, BARD a été un projet important pour Google et pour le domaine de la robotique industrielle en général, mais il n'est plus en activité depuis plusieurs années et ses résultats concrets n'ont pas été largement diffusés.

Impact sociétal chez Microsoft

L'intelligence artificielle (IA) a profondément transformé les technologies de Microsoft, laissant une empreinte sociétale significative dans de nombreux domaines. Alors que l'IA s'est enracinée dans leurs produits et services, son impact se fait ressentir de manière tangible.

Dans les bureaux du monde entier, les utilisateurs de Microsoft Office 365 font l'expérience d'une productivité améliorée grâce à l'IA. Dans Microsoft Word, des suggestions de correction automatique et d'écriture se matérialisent, aidant les rédacteurs à peaufiner leurs textes plus efficacement. Les présentations PowerPoint sont rehaussées grâce à l'IA, qui propose des designs et des mises en page optimisés. Quant à Excel, il offre une analyse de données avancée grâce à l'IA, permettant aux utilisateurs d'extraire des informations précieuses en un instant. Ces fonctionnalités permettent aux professionnels de gagner du temps et de se concentrer sur des tâches à plus forte valeur ajoutée.

L'IA de Microsoft a également créé des expériences utilisateur hautement personnalisées. Cortana, l'assistant virtuel de Microsoft, est alimenté par l'IA pour comprendre les préférences et les comportements des utilisateurs. Ainsi, il peut fournir des réponses et des recommandations adaptées à chaque individu. De plus, le moteur de recherche Bing utilise l'IA pour présenter des résultats de recherche pertinents et personnalisés, offrant aux utilisateurs une expérience de recherche plus précise et enrichissante.

En investissant dans la recherche et le développement, Microsoft a créé des produits d'IA avancés. Grâce à Microsoft Cognitive Services, les développeurs ont accès à des fonctionnalités d'IA telles que la reconnaissance vocale, la vision par ordinateur et le traitement du langage naturel. Ces outils puissants permettent aux développeurs d'intégrer des capacités d'IA dans leurs propres applications, ouvrant ainsi de nouvelles possibilités pour l'innovation et la création de solutions intelligentes.

L'IA a également joué un rôle essentiel dans l'automatisation et l'optimisation des processus commerciaux grâce à Azure Machine Learning. Les entreprises peuvent développer et déployer des modèles d'IA avancés pour résoudre des problèmes complexes tels que la prévision de la demande, l'optimisation des chaînes d'approvisionnement et la détection des fraudes. Ces avancées permettent aux entreprises d'opérer plus efficacement, d'améliorer leur rentabilité et de mieux répondre aux besoins changeants du marché.

Cependant, Microsoft ne se contente pas d'innover technologiquement. Ils reconnaissent également l'importance de l'éthique et de la responsabilité dans le développement et l'utilisation de l'IA. En publiant des principes éthiques solides, Microsoft s'engage à promouvoir des pratiques responsables et transparentes en matière d'IA. Ils investissent également dans la recherche en IA éthique, contribuant ainsi à façonner les normes et les meilleures pratiques de l'industrie.

Bien que l'IA offre de nombreux avantages, son impact sur l'emploi ne peut être ignoré. Microsoft est conscient de cette réalité et s'efforce d'atténuer les effets négatifs en lançant des initiatives de formation et de reconversion professionnelle. Ils travaillent à fournir aux individus les compétences nécessaires pour prospérer dans une économie axée sur l'IA, assurant ainsi une transition plus fluide vers un avenir technologique.

En somme, l'IA a profondément façonné les technologies de Microsoft et a eu un impact sociétal majeur. De l'amélioration de la productivité à la personnalisation des expériences utilisateur, en passant par le développement de produits avancés, l'automatisation des processus et la promotion de l'éthique, l'IA a ouvert de nouvelles perspectives et a contribué à façonner un monde technologique plus intelligent et plus responsable.

III. Microsoft© et OpenAI©

Le rapprochement que Microsoft a opéré en direction d'OpenAI s'inscrit dans une stratégie Marketing de Microsoft de longue date. Chère à Satya Nadella, Directeur Général de Microsoft, il définit la mission de Microsoft de permettre à chaque organisation d'être plus efficiente grâce aux produits Microsoft.

En effet, Microsoft se positionne au service de la productivité bureautique des collaborateurs œuvrant au sein d'une organisation : la suite logicielle Office connue pour être principalement composée de Word, Excel, PowerPoint (1989) et Outlook (1997) a été créée et n'a cessé d'évoluer pour permettre à ses utilisateurs d'en faire plus dans leur journée de travail.

Avec les sorties des logiciels SharePoint (2001), de Yammer (2012), de Microsoft Teams (2016) et récemment de Loop (2023), Microsoft a aussi démontré son souci de proposer des outils de productivité de groupe, pour compléter les outils de productivité individuelle historiques mentionnés dans le paragraphe précédent.

Vous allez comprendre dans les pages suivantes que le rapprochement entre Microsoft et OpenAI a vocation à révolutionner la façon de travailler au niveau bureautique : je pense que cette étape aura autant d'impact que l'arrivée d'internet à la fin des années 1990.

Un des moteurs du rapprochement entre Microsoft et OpenAI est l'observation que la surcharge d'informations pose un gros problème en termes de pertinence et de qualité.

Comme a pu le dire Jared Spataro, vice-président de Modern Work and Business Applications chez Microsoft, *"l'IA va nous aider à surmonter une grande partie de cela et nous permettre de nous concentrer à nouveau sur les choses qui comptent le plus"* ou Nate Boaz - VP of People Strategy at Microsoft, *"l'IA va supprimer le travail superficiel afin que les humains puissent faire le travail en profondeur dont nous aspirons vraiment"*.

L'arrivée de l'IA dans les produits Microsoft ne va pas uniquement améliorer l'accès à l'information mais va aussi améliorer la productivité au travers de l'utilisation des logiciels de la suite Office traditionnelle (comme Word, Excel et PowerPoint) jusqu'aux outils de conception (Power Platform) et de développement (qui préfèrent Visual Studio), en passant par le hub collaboratif Microsoft Teams. Évidemment Copilot va même être intégré à Windows, en remplacement de Cortana.

Il est important de comprendre que ces nouvelles pratiques doivent modeler de nouveaux modèles mentaux, en faisant comprendre aux utilisateurs les limites et les capacités de cette nouvelle technologie, de manière à ce qu'ils puissent l'utiliser de manière responsable : *"Bien que Copilot puisse être formidable pour aider à des tâches telles que la génération de contenu ou la facilitation de la collaboration de groupe, il peut également générer des réponses imparfaites ou qui doivent être affinées. Plus les gens comprendront ce genre de choses, mieux ils sauront l'utiliser. C'est à ces conditions que nous parviendrons à nous approprier le niveau de confiance nécessaire"* .

(1) Microsoft *Copilot[iv] A Whole New Way of Working (microsoft.com).*

Comme l'a expliqué Satya Nadella, Directeur général de Microsoft, à Davos en février 2023 : *"L'âge d'or de l'IA est en marche et va redéfinir le travail tel que nous le connaissons".[v]*

(2) Satya Nadella Says AI Golden Age Is Here and 'It's Good for Humanity' > Press releases | World Economic Forum (weforum.org)

C'est ce que nous allons tenter de vous expliquer maintenant.

IV. Bing© et Edge© avec ChatGPT©

Début 2023, ChatGPT est l'IA la plus connue au monde parce qu'elle a bousculé les habitudes par rapport à l'usage d'internet. Microsoft a compris qu'en intégrant ChatGPT à Bing et en rapprochant ChatGPT de Edge, il allait accélérer le changement de notre rapport au web.

Voyons d'abord comment fonctionnait notre rapport au Web sur les 25 dernières années avant de comprendre l'impact de ChatGPT.

Notre rapport au web sur les 25 dernières années

En effet, avant ChatGPT, la navigation dans le web consistait à ouvrir son application web pour consulter une ou plusieurs URL dans différents onglets.

Les sites étaient de type site de publication d'actualités (MSN chez Microsoft) ou de messagerie e-mail (Hotmail chez Microsoft).

L'utilisateur pouvait saisir une URL pour se rendre sur des sites pour y consulter une information de référence comme support.microsoft.com, learn.microsoft.com, Microsoft étant un des tous premiers éditeurs de contenus sur le web, comme Wikipedia.

Évidemment, le web étant beaucoup plus vaste que les URL citées précédemment, la recherche *via* un moteur de recherche a vite constitué la façon principale de démarrer la navigation sur le web.

Seuls les plus anciens se remémoreront les noms de Copernic (moteur de recherche Internet français à installer sur son PC) ou d'Altavista (1) AltaVista était un moteur de recherche populaire dans les années 1990 et au début des années 2000. Il a été créé en 1995 et était l'un des premiers moteurs de recherche à indexer la quasi-totalité du contenu du Web1. Il est possible que vous vous souveniez d'AltaVista car il était l'un des moteurs de recherche les plus populaires à l'époque. Et tout le monde le sait, Google s'est imposé de façon hégémonique ; du moins, jusque-là.

Avec Bing, Microsoft possède son propre moteur de recherche mais Bing n'a jamais réussi à inquiéter Google… jusqu'à désormais l'intégration de ChatGPT. Disons-le franchement : Google est en état de crise depuis le rapprochement de Microsoft et d'OpenAI.

« Je vous en livre rapidement les raisons en vous expliquant comment le rapport au web s'en trouve désormais bouleversé. »

Lorsque que nous nous rendons sur la page de saisie de recherche, nous pouvons obtenir en retour de notre requête, saisie avec un mot ou une expression, des résultats de recherche sous la forme de liste de liens, classés par type de résultats (onglets actualités, shopping, images, vidéos …) et ordonnés selon un classement de pertinence opaque pour la majorité d'entre nous.

Peu de personnes ont conscience que Google ou Bing proposent une "pertinence" influencée par l'approche "régie publicitaire", qui impacte l'ordre de présentation des résultats.

Une fois que nous obtenons notre liste de liens, nous devons affiner les résultats en cliquant sur les liens proposés pour ouvrir des pages de site web.

Il est rare que nous quittions la première page de résultats de recherche pour nous rendre sur les pages suivantes. Lorsque nous parcourons une page web listée dans les résultats de recherche, nous y passons entre 30 secondes et 3 minutes en consultation avant de considérer la recherche comme fructueuse ou non. Si la recherche est jugée infructueuse, nous revenons sur la page de résultats et procédons ainsi sur les URL suivantes listées.

Ce mode opératoire a un peu évolué avec l'apparition de modules de questions/réponses qui nous proposent d'affiner notre requête sur base de requêtes populaires proches.

Ces modules de question/réponses permettent d'allonger le temps passé dans le tri des résultats mais surtout, il faut les considérer comme les signaux précurseurs de l'arrivée d'assistants beaucoup plus évolués, basés sur de l'IA, comme ChatGPT.

L'impact de l'IA sur la navigation sur le Web

Avec l'IA, nous nous attendons à obtenir en réponse à notre requête de recherche non plus une liste brute de résultats (je ne connais personne qui utilisait ainsi le bouton "J'ai de la chance" présent sur l'interface de Google). Nous nous attendons désormais à obtenir une réponse élaborée, parce qu'ayant fait l'objet d'un traitement de raffinement, qui ne vous incombe plus.

Comme le pétrole brut fait l'objet d'un traitement pour être transformé en essence ou en diesel, les données de recherche brutes sont traitées de façon statistique et sémantique par l'AI de manière à être injectées directement dans votre document ou réflexion. Les résultats de recherche proposés par l'IA ne sont pas présentés sous une forme éclatée mais proposés sous la forme de phrases rédigées, de paragraphes.

Outil de synthèse, vous ne récupérez pas des listes de contenu web présentés sous la forme d'une liste. Vous pouvez le lui demander, il le fera mais ce n'est pas en recherchant à reproduire ce résultat que l'IA va révolutionner notre rapport à la recherche : "Expliquer", "Résumer", "Écrire", "Faire un tableau avec", "Coder", "Créer", "Traduire", "Analyser", "Définir", "Faire un brainstorm sur", "réponds aux 3 questions les plus fréquentes des utilisateurs", "donne-moi ta réponse sous la forme d'une liste" sont autant de consignes d'action et de format à indiquer dans le prompt conversationnel avec les outils d'IA.

En plus de la consigne d'action à l'IA, vous pouvez enrichir le prompt de conversation avec différentes consignes de contexte très riches qui vont servir à nuancer le propos en fonction de l'auditoire, comme l'indiquent les exemples ci-dessous :

- La tonalité, qui possède une palette de propositions plus large que celle qui est proposée par défaut sur la page d'accueil du nouveau Bing (créatif, équilibré, précis),
- La description du domaine d'activité de votre organisation, pour adapter le champ lexical technique : "l'entreprise est active dans le domaine de..." ; " secteur d'activité : ...",
- Le rôle, la fonction, l'identité que l'IA doit habiter au moment de donner sa réponse : "agis comme un consultant en informatique" ; "rôle : formateur".

Dans la conversation avec l'IA, vous pourrez orienter la rédaction selon des consignes de contexte, voire vous devrez le faire. Si vous ne le faites pas, l'IA vous le demandera régulièrement de façon très explicite car cela fait partie intégrante de son mode de fonctionnement : plus vous indiquerez des informations relatives au contexte d'utilisation de votre requête, plus l'IA saura dans quelle direction proposer des résultats que vous serez alors seul maître à juger que le résultat est pertinent(*). Nous reviendrons sur ces concepts de pertinence et de contexte sur le paragraphe dédié à Copilot dans Microsoft 365

Ce qui a rendu célèbre ChatGPT en si peu de temps (1 million d'utilisateurs en 5 jours pour ChatGPT contre 10 mois pour Facebook et 2 ans pour Twitter...) c'est la perception de puissance rédactionnelle, donnant l'impression que c'est un humain qui produit la réponse, avec qui vous seriez réellement en conversation. C'est en partie vrai... et en partie faux car ChatGPT propose des résultats raffinés par la "statistique", basés sur des contenus rédigés par des humains. L'idée que l'IA donne un point de vue basé sur la statistique peut vous paraître étrange mais ce sont bien les mathématiques qui sont utilisées pour donner du sens aux résultats proposés.

Un des préalables à la création de ChatPT, assistant personnel doté d'intelligence artificielle, est de considérer que le web avait suffisamment de contenu de qualité pour que les résultats proposés soient pertinents. C'est peut-être là que, aveuglé par l'approche régie publicitaire de son modèle, Google ne semble pas avoir gérer l'inéluctable arrivée de l'IA dans son activité et se retrouve désormais en position de suiveur sur ce terrain...

Comme ChatGPT a besoin de site de contenu de qualité pour fournir des résultats que vous jugerez pertinents, les sites de contenu ne vont évidemment, pas disparaitre mais l'utilisateur doit pour l'instant rester vigilant de manière à être en capacité d'estimer la qualité des sources utilisées dans la réponse rédigée par ChatGPT. Cela implique par conséquent un certain nombre de questions sur les moyens de contrôler la qualité des sources utilisées. Nous verrons que Microsoft apporte un début de réponse dans son utilisation de ChatGPT dans le nouveau Bing.

Nous reviendrons sur la gouvernance de la donnée et du modèle de fonctionnement de l'IA dans son ensemble, sujet éminemment stratégique mais cela n'était-il pas déjà le cas avec nos anciennes pratiques de recherche ?

L'IA doit posséder une facette faite d'éthique et d'objectivité. Voici d'ailleurs la réponse apportée par l'IA de Bing lorsque je l'ai interrogée au sujet de l'objectivité d'un Chatbot doté d'intelligence artificielle :

Quelle objectivité d'un Chatbot doté d'intelligence artificielle ?

"*Les chatbots sont des programmes informatiques qui utilisent des règles prédéfinies, le traitement du langage naturel, l'apprentissage automatique ou l'apprentissage en profondeur pour interpréter les demandes des clients et fournir des réponses*[24]. *Le chatbot reçoit une information qu'il analyse grâce à une base de données. Il cherche à comprendre l'intention de l'utilisateur et à récupérer les informations les plus pertinentes. Il donne alors une réponse qui peut être une simple phrase prédéterminée ou une information basée sur une base de données par exemple*[3].*

En ce qui concerne l'objectivité des chatbots, ils sont conçus pour être impartiaux et objectifs dans leurs réponses. Les chatbots utilisent des algorithmes pour analyser les demandes des utilisateurs et fournir des réponses en fonction de ces demandes[1]. *Cependant, il est important de noter que les chatbots ne sont pas parfaits et peuvent parfois fournir des réponses inexactes ou incomplètes.*

J'espère que cela répond à votre question."

Source : conversation avec Bing, 18/05/2023
(1) Comment les chatbots fonctionnent (et pourquoi, parfois, ils ne .... https://www.userlike.com/fr/blog/comment-les-chatbots-fonctionnent.
(2) Qu'est-ce qu'un chatbot et comment cela fonctionne-t-il ... - Zendesk. https://www.zendesk.fr/blog/chatbots-for-business-2/.
(3) Définition | Chatbot - Agent conversationnel | Futura Tech. https://www.futura-sciences.com/tech/definitions/internet-chatbot-15778/.
(4) Qu'est-ce qu'un chatbot ? | Microsoft Azure. https://powervirtualagents.microsoft.com/fr-fr/what-is-a-chatbot/.
(5) Les chatbots, définition ? Comment ça marche ? Et pourquoi. https://www.webqam.fr/blog/chatbot-definition-intelligence-artificielle/.

Il est intéressant de noter que dans la réponse apportée figurent :

- Les 5 sources retenues lors du traitement qui ont servi à concevoir la réponse,
- Le nom du Chatbot qui a conçu la réponse et la date du traitement des sources retenues.

Les possibilités qu'apportent l'IA semblent infinies mais l'IA ne remplacera pas le raisonnement humain… Il est donc essentiel de conserver l'approche responsable que vous utilisiez avec le traitement des réponses apportées par un moteur de recherche classique. L'IA intégrée à Microsoft 365 permet de dépasser cette expérience de moteur de recherche classique car son programme informatique est de type "Machine Learning" basé sur l'apprentissage par renforcement avec rétroaction humaine (RLHF) : il utilise des démonstrations apprises puis améliore son comportement au fur et à mesure des interactions avec ses utilisateurs, au gré des différentes situations.

Ce type de programme a pour but de traiter les demandes avec le plus de pertinence possible, i.e. de réduire les biais et les erreurs dans ses réponses en fonction du contexte de chaque utilisateur. C'est la raison pour laquelle Microsoft vous demande de vous identifier avec un compte utilisateur professionnel (Microsoft 365) et/ou personnel (utilisateur). (1) Pour créer un compte Microsoft, se rendre sur le site account.microsoft.com et utiliser une adresse e-mail, un identifiant Skype ou un numéro de téléphone.

Dans Microsoft 365, le bien-nommé "Copilot" déclinera ainsi ses propositions en suivant votre contexte personnel déduit de votre utilisation de Microsoft 365. C'est de cette manière que Microsoft va débloquer la productivité numérique, en améliorant non seulement le rapport de chacun à l'information mais va également transformer le travail en augmentant les capacités humaines de trois manières :

- Permettre à chacun d'utiliser toutes les capacités des outils de productivité sous-utilisés ;
- Améliorer les compétences de tout utilisateur en ce qui concerne l'écriture et faire de chacun un meilleur rédacteur dans Microsoft Word ou PowerPoint ;
- Augmenter le potentiel de conception et libérer la créativité graphique avec l'IA d'OpenAI nommé DALL-E, laquelle comme ChatGPT, sera intégrée à l'univers Microsoft (Bing, PowerPoint, WhiteBoard) ;
- Donner accès à chacun à toutes les fonctionnalités avancées de Microsoft Excel, de Power BI et de tous les logiciels de la Power Platform et jusqu'aux outils de développement.

En vous aidant dans les tâches les plus difficiles, l'IA va vous permettre de vous concentrer sur ce que vous aimez faire et sur ce que l'IA n'est pas en mesure de faire.

Commençons par aborder comment fonctionnent Bing et Edge avec ChatGPT, et voyons quelles différences il existe entre les 2 approches avant de passer à une autre IA d'OpenAI que propose maintenant DALL-E.

Avec Bing

Voici le "nouveau Bing".

Lorsque Microsoft a annoncé le nouveau Bing le 7 février, Microsoft n'a annoncé que l'onglet conversation du nouveau Bing (ci-dessus entre "Rechercher" et "Travail") proposerait une version personnalisée de Chat GPT à Bing.

Voici ci-dessous la page Conversation du nouveau Bing, onglet de réponses basées sur l'IA, en accès "préversion préliminaire" au printemps 2023.

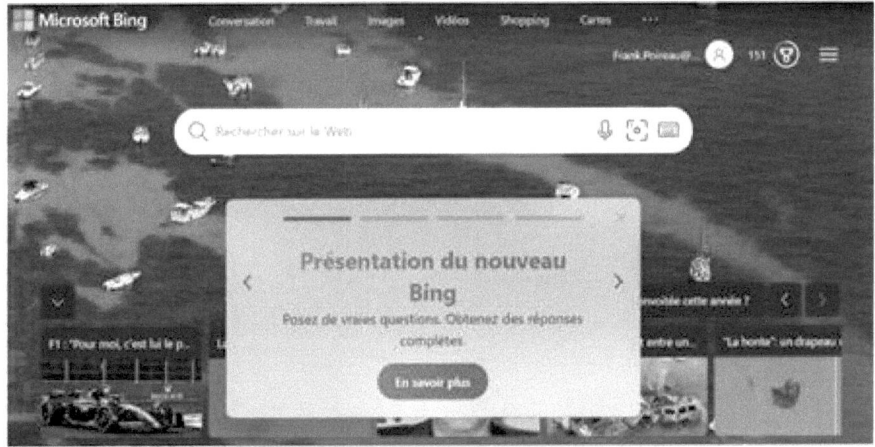

Apprenons ensemble. Bing est alimenté par l'IA, donc des surprises et des erreurs sont possibles. Assurez-vous de vérifier les informations et Partager des commentaires donc nous pouvons apprendre et nous améliorer !

Conditions d'utilisation   Déclaration de confidentialité

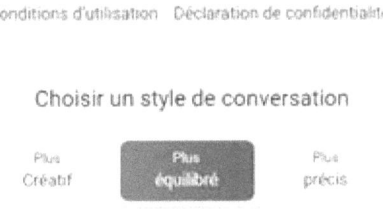

35

Au centre de la page, un champ de saisie blanc vous invite à rédiger une recherche sur le web et le widget dessous vous invite à cliquer sur une présentation du nouveau Bing. Microsoft y annonce avoir intégré l'IA, et a la modestie de prendre la précaution d'avertir que des surprises et des erreurs peuvent être retournées dans les résultats de cet outil "apprenant".

Observez que le nouveau Bing propose, sous forme de boutons cliquables, de choisir entre les 3 styles de conversation susmentionnés, en guise de premier niveau de prise en compte de votre contexte d'utilisation.

Pour amorcer votre conversation avec l'IA, vous pouvez alors saisir au clavier votre sujet ou votre question ; vous avez le choix également de dicter oralement votre texte et d'introduire une image.

En bref, voici la porte d'entrée d'une nouvelle ère.

À quand remonte l'intégration de ChatGPT à Bing ?

Techniquement parlant, ChatGPT a été intégré au moteur d'orchestration de Bing appelé Prometheus (X) Dans cet article de blog sur LinkedIn, Jordi Ribas, CVP pour la recherche et l'IA, explique l'intégration des fonctionnalités GPT dans le moteur de recherche Bing Building the New Bing | LinkedIn https://www.linkedin.com/pulse/building-new-bing-jordi-ribas/

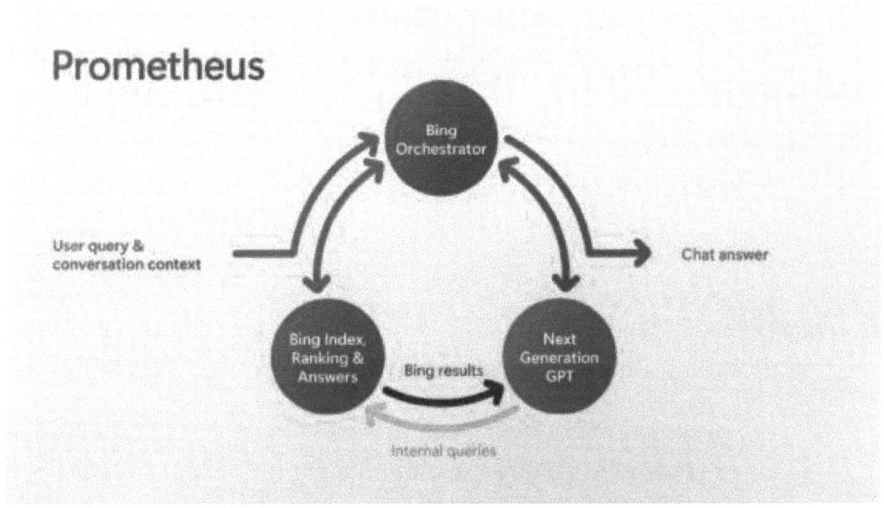

C'est dans la bulle bleue (en haut à droite) que j'ai posé ma première question au nouveau Bing en langage naturel et voici sa réponse (bulle blanche en dessous en claire).

On peut noter que la section **En savoir plus** permet de consulter les sources utilisées par notre IA. Tandis que ChatGPT a tendance à répondre qu'il ne peut citer de source car ces réponses sont le produit d'un traitement de synthèse, le nouveau Bing affiche très clairement l'origine de l'information (20 liens !), ce qui va nous rassurer sur la qualification des sources.

Entre les 2 bulles, observons maintenant que figurent 2 informations relatives au traitement de ma question :

- À la première ligne, nous découvrons que la requête rédigée initialement en langage naturel a été traitée par l'IA par un procédé en plusieurs étapes (2) Pour ceux qui connaissent bien SharePoint, ce que le pipeline d'indexation de recherche de SharePoint Server 2013 pouvait déjà faire avec l'intégration de "Fast for SharePoint" :
    a. Segmenter la requête ("tokenization" en anglais) pour identifier les noms, les expressions, les formes verbales
    b. Retirer les mots creux (le mot "le" a été ignoré)
    c. Identifier les "concepts" recherchés ("nouveau Bing" et "date de sortie") après avoir préalablement troquer une tournure de phrase par une autre (l'expression "de quand date" est remplacée par le concept de "date de sortie")
- À la seconde ligne, Bing annonce que la génération des réponses est effective.

Enfin, sous la réponse dans la bulle figurent deux suggestions de questions sur le thème du nouveau bing, proposées en fonction de :

- La pertinence statistique car les 2 questions suggérées comportant l'expression "Nouveau Bing" ont été saisies par un grand nombre d'utilisateurs,
- Un résultat promu, qui a été programmé pour se déclencher lorsqu'un utilisateur saisit le mot "Bing" ou l'expression "Nouveau Bing", pour renvoyer l'utilisateur vers les pages de présentation du nouveau Bing suggérées sur la page d'accueil.

Comme nous l'avons indiqué plus haut, le nouveau bing possède avec l'IA la faculté d'échanger une expression par une autre : l'expression "de quand date" a ainsi été remplacée par le concept de "date de sortie" car cette nouvelle expression permet de donner plus de chance de trouver des résultats. Vous pouvez ainsi imaginer que plusieurs expressions ont ainsi été classées sous une bannière commune de "Date de sortie".

Ce procédé est utile pour proposer une expérience de recherche dite floue : cette faculté nous apprend donc que notre IA s'appuie non seulement sur de vastes volumes d'informations mais gère la notion de synonymie, i.e. utilise un dictionnaire dans lequel des "expressions ou des tournures de phrases" ont été rapprochées les unes des autres avec des scores de proximité.

En parlant de dictionnaire, ChatGPT étant multilingue, combien de langues sont gérées par le nouveau Bing ?

Nous lui avons posé la question.

Dans cette préversion préliminaire, vous pouvez utiliser le nouveau Bing en plus de 95 langues.

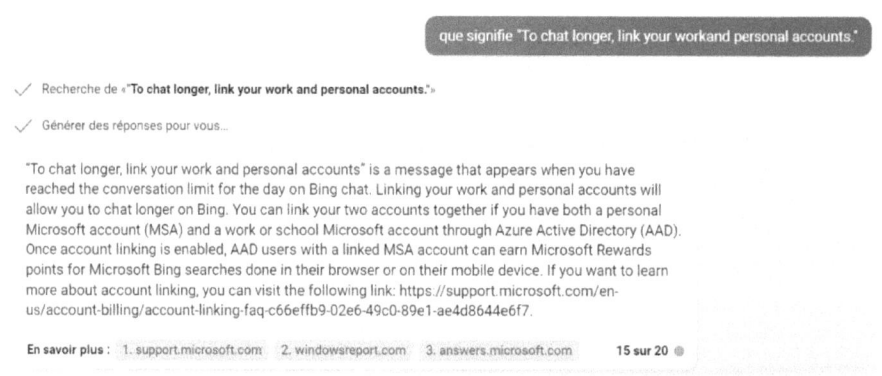

La qualité est, nous la trouvons, bluffante.

> peux tu me traduire ta réponse en français ?

"To chat longer, link your work and personal accounts" est un message qui apparaît lorsque vous avez atteint la limite de conversation pour la journée sur Bing chat. Lier vos comptes personnels et professionnels vous permettra de discuter plus longtemps sur Bing. Vous pouvez lier vos deux comptes si vous avez à la fois un compte Microsoft personnel (MSA) et un compte Microsoft professionnel ou scolaire via Azure Active Directory (AAD). Une fois que la liaison de compte est activée, les utilisateurs AAD disposant d'un compte MSA lié peuvent gagner des points Microsoft Rewards pour les recherches Microsoft Bing effectuées dans leur navigateur ou sur leur appareil mobile. Si vous souhaitez en savoir plus sur la liaison de compte, vous pouvez visiter le lien suivant : https://support.microsoft.com/fr-fr/account-billing/account-linking-faq-c66effb9-02e6-49c0-89e1-ae4d8644e6f7.

16 sur 20

Nous avons également profité du nouveau Bing pour tester son aptitude à améliorer un texte ; après avoir activé le mode le plus précis, nous avons collé le texte initial et avons obtenu en réponse une proposition de texte améliorée, ainsi que la proposition d'une image associée (le résultat d'une mise à jour du nouveau Bing du 23 mai 2023).

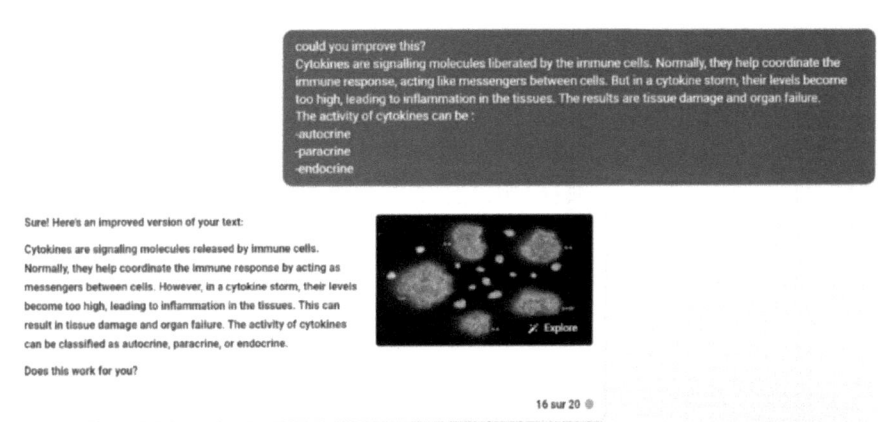

En cliquant sur cette image, nous obtenons les informations de contexte qui ont provoqué l'inattendue suggestion d'une image et les sources liées.

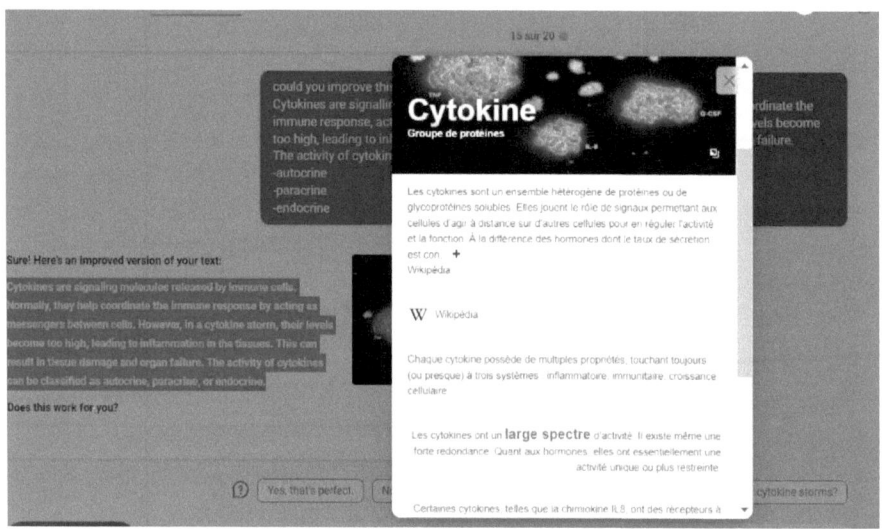

Vous pouvez utiliser le nouveau Bing en plus de 95 langues, auxquelles viennent s'ajouter les langages informatiques ! En effet, aussi bizarre qu'il puisse vous paraître, vous pouvez demander à l'IA de générer du code pour répondre à un besoin, comme si vous lui demandiez de traduire un texte. Nous reviendrons sur cette faculté au paragraphe dédié à la Power Platform et à Visual Studio.

Le nouveau Bing accède aux données de Bing ; cela signifie que contrairement aux versions de ChatGPT testées depuis en libre accès qui étaient coupées de l'actualité depuis 2021, l'IA de Bing est bien connectée aux données récemment publiées sur le Web.

Cette différence a été gommée courant mai 2023 puisque ChatGPT 4.0 accède au Web.

Preuve en est : « une recherche concernant les statuts de la nouvelle société que j'ai rejointe en ce début d'année. Notez que l'IA corrige ma faute d'accord dans le traitement de ma requête. »

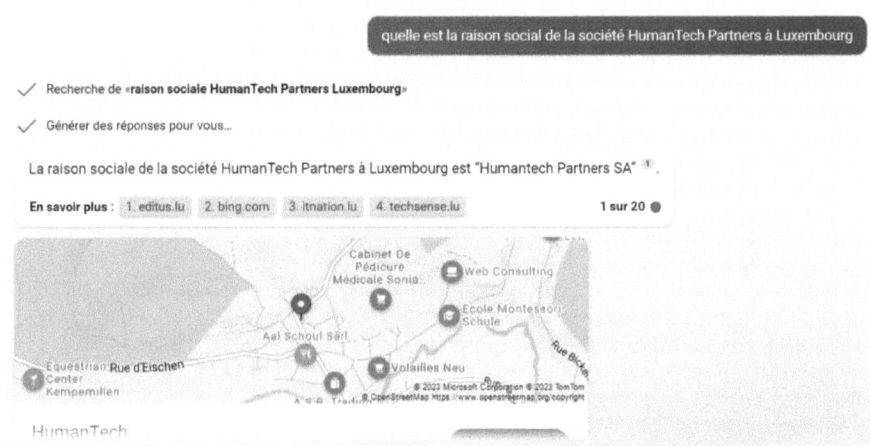

Lorsque l'IA ne trouve pas la réponse précise, il se permet de donner une information complémentaire en lien avec la recherche.

Autre différence avec l'expérience d'utilisation de ChatGPT, le nouveau Bing affiche clairement ses sources, sous la forme de liens cliquables, comme vu auparavant.

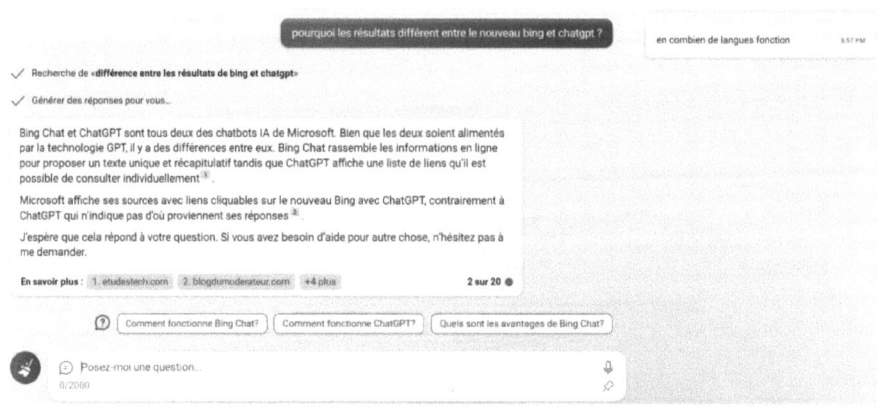

En plus d'afficher ses sources, le nouveau Bing affiche le niveau de confiance qu'il apporte lui-même à sa contribution à sa propre conversation : voici la réponse complète ci-dessous au sujet des ronds de couleur qui sont affichés au fur et à mesure du déroulement de la conversation.

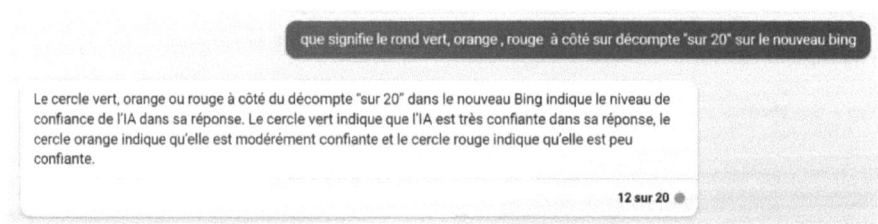

Après test, il s'avère que cette note de confiance s'applique à l'ensemble des 20 questions maximum qui peuvent être posées dans le cadre d'une conversation ("session de Chat").

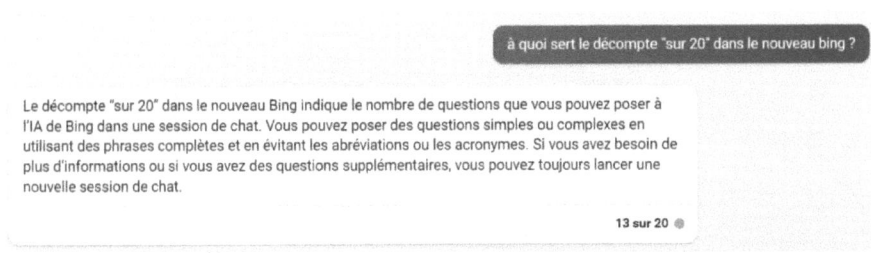

Le nombre de conversations est lui aussi limité mais Bing ne m'a apporté la réponse que j'attendais.

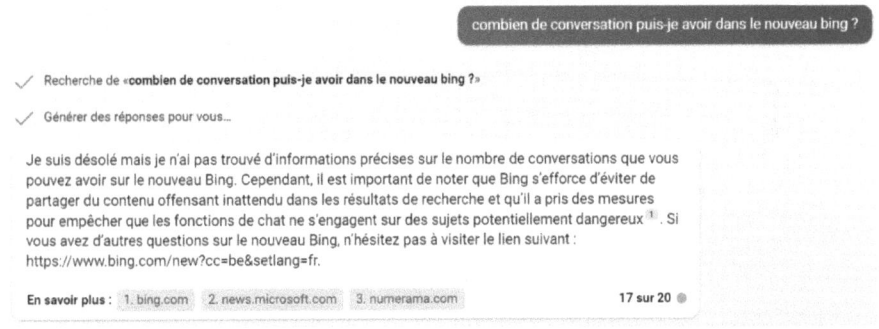

Nous avons trouvé la façon de débloquer ce quota de "conversations par jour" en liant mon compte Microsoft personnel (on peut créer un email avec Yahoo ou Google !) avec un compte Microsoft 365 professionnel (anciennement Office 365).

> peux tu me traduire ta réponse en français ?

> "To chat longer, link your work and personal accounts" est un message qui apparaît lorsque vous avez atteint la limite de conversation pour la journée sur Bing chat. Lier vos comptes personnels et professionnels vous permettra de discuter plus longtemps sur Bing. Vous pouvez lier vos deux comptes si vous avez à la fois un compte Microsoft personnel (MSA) et un compte Microsoft professionnel ou scolaire via Azure Active Directory (AAD). Une fois que la liaison de compte est activée, les utilisateurs AAD disposant d'un compte MSA lié peuvent gagner des points Microsoft Rewards pour les recherches Microsoft Bing effectuées dans leur navigateur ou sur leur appareil mobile. Si vous souhaitez en savoir plus sur la liaison de compte, vous pouvez visiter le lien suivant : https://support.microsoft.com/fr-fr/account-billing/account-linking-faq-c66effb9-02e6-49c0-89e1-ae4d8644e6f7.
>
> 16 sur 20

L'idée poursuivie par Microsoft de lier ces comptes me semble être double :

- Permettre à l'IA de vous connaître en termes d'historiques d'utilisation au travers d'un profil utilisateur ;
- Rationnaliser le nombre de profils utilisateur, en rassemblant pour chaque utilisateur les 2 types de profils qu'il utiliserait.

On reparlera de cette manipulation un peu plus loin dans le livre.

En guise de conclusion concernant le nouveau Bing, les applications pour téléphones Android et iOS sont proposées dans les magasins d'application depuis la mi-mai 2023.

Après installation, un widget Bing peut figurer sur la page d'accueil de votre smartphone.

Vous bénéficiez ainsi des mêmes fonctionnalités, tout le temps et partout à condition d'avoir votre téléphone dans la poche et une connexion à Internet.

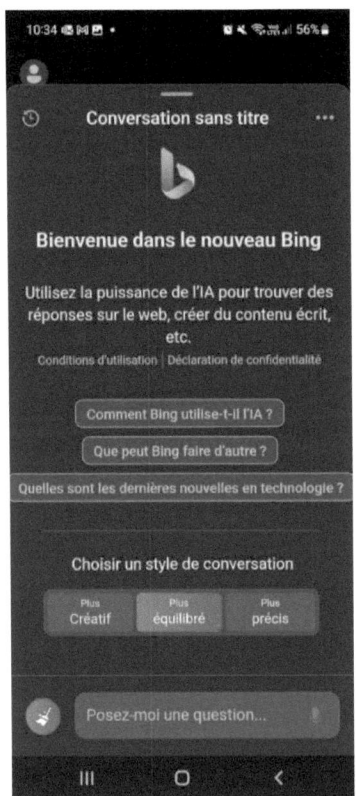

Avec Edge

Par l'entremise d'une mise à jour de Windows 11 de mars 2023 (Introducing a Bing update to Windows 11 making the everyday easier including bringing the new AI-powered Bing to the taskbar | Windows Experience Blog [vi]), Edge s'est vu doter d'un bouton de fonctionnalités Bing, positionné, par défaut, en haut à droite de la fenêtre du navigateur.

Cliquer dessus revient à ouvrir un volet "Chat" permettant d'utiliser le mode Conversation (EN Chat) du nouveau Bing, i.e. Bing dans sa version ChatGPT (il existe 2 autres onglets "Compose" et "Insights" sur lesquels je vais revenir).

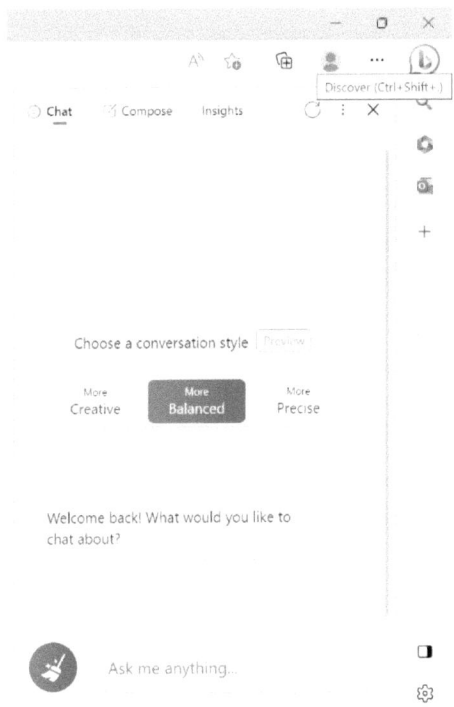

Le premier message est une indication que l'IA est activée dans ce fil conversationnel, qui est alimentée directement par l'IA du nouveau Bing. Comme dans l'expérience d'utilisation de Bing, vous pouvez choisir le style de conversation désiré.

Dans l'exemple ci-dessous, nous saisissons ma requête en langage naturel en anglais qui apparaît, après envoi dans la bulle bleue.

Sous la bulle bleue, apparaissent les deux signes "cochés" comme sur le nouveau Bing.

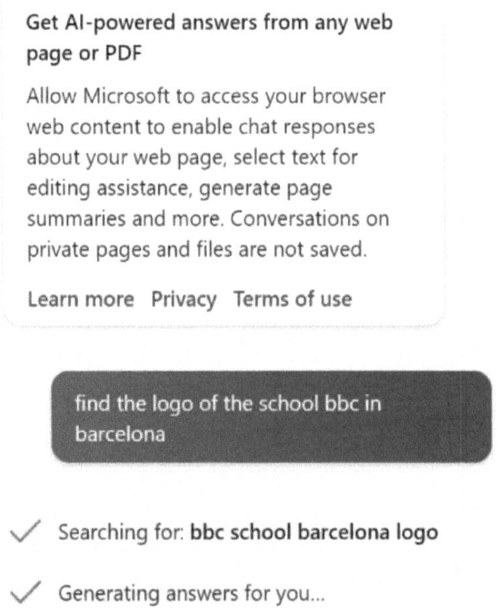

Get AI-powered answers from any web page or PDF

Allow Microsoft to access your browser web content to enable chat responses about your web page, select text for editing assistance, generate page summaries and more. Conversations on private pages and files are not saved.

Learn more   Privacy   Terms of use

> find the logo of the school bbc in barcelona

✓ Searching for: **bbc school barcelona logo**

✓ Generating answers for you...

Dans l'exemple ci-dessous, la réponse est générée dans la bulle blanche avec... un résultat que l'IA se permet de juger non pertinent, me demandant de clarifier la demande...

> I'm sorry but I couldn't find any information about a school named "BBC" in Barcelona. Could you please clarify which school you are referring to?
>
> **Learn more:**
> 1. bbc.co.uk 2. bbc.com
> 3. en.wikipedia.org +1 more

Images de BBC School Barcelona LO…
bing.com/images

Et l'IA a raison ! Nous nous permettons de lui répondre en langage naturel par une excuse (le concept d'excuse n'est pas intégré par l'IA mais cela arrivera vite) puisque la segmentation considère "sorry" comme un mot vide et le retire.

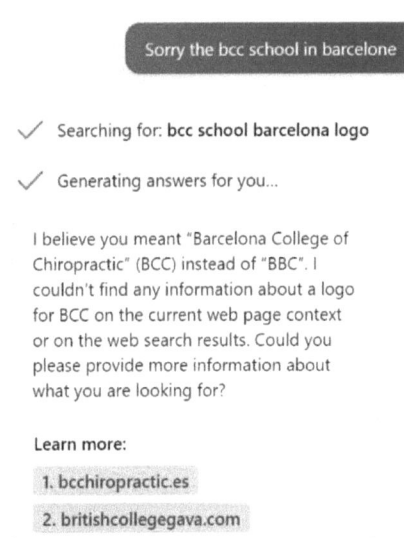

La réponse de l'IA semble alors univoque quant à la signification de l'acronyme BCC mais, comme l'IA ne trouve pas de logo associé, l'IA se permet de me soumettre une question fermée de manière à trancher et me proposer des logos pertinents.

Voici donc comment le plug-in Bing sur Edge embarque une fenêtre d'utilisation du nouveau Bing.

Ce plug-in Bing de Edge permet non seulement d'utiliser le nouveau Bing sans devoir se rendre sur l'URL https://www.bing.com/, par conséquent de naviguer et de travailler sur un autre site web mais permet également d'utiliser 2 onglets applicatifs supplémentaires :

- L'onglet Compose,
- L'onglet Insights.

Comme vous pouvez le découvrir ci-dessous, l'onglet Compose permet de demander à l'IA du nouveau Bing d'écrire ou de résumer un texte, action définie à partir d'une requête de maximum de 2000 caractères :

- 5 tons stylistiques sont proposés par défaut : professionnel, décontracté, enthousiaste, informatif et drôle,
- 4 formats de texte sont disponibles : paragraphe, e-mail, billet de blog, liste d'idées,
- Enfin la longueur du texte est également paramétrable.

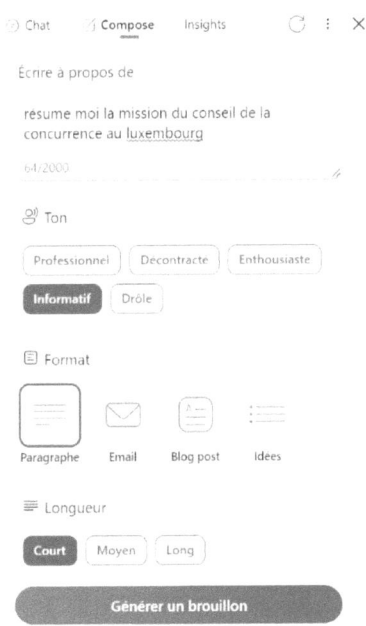

Sur le bouton de validation figure le texte "Générer un brouillon", ce qui rappelle le caractère "production d'un texte dont vous seul pouvez juger de la pertinence du travail de composition de l'IA".

La composition est proposée dans une fenêtre d'aperçu, sous le bouton "Générer un brouillon".

Comme vous pouvez le voir, la fenêtre d'aperçu propose des fonctionnalités d'édition, d'actualisation de navigation entre les brouillons successifs et de copie du texte (les raccourcis Office fonctionnent également).

Sous la fenêtre d'aperçu figurent des bulles de suggestion pour affiner votre requête en ajoutant un exemple, précisant les sources utilisées, voire réduire le texte.

Ce qui diffère de Bing arrive avec le bouton Ajouter au site qui permet d'insérer le texte dans ma page Web en cours d'édition (ci-dessous SharePoint 2019 Server).

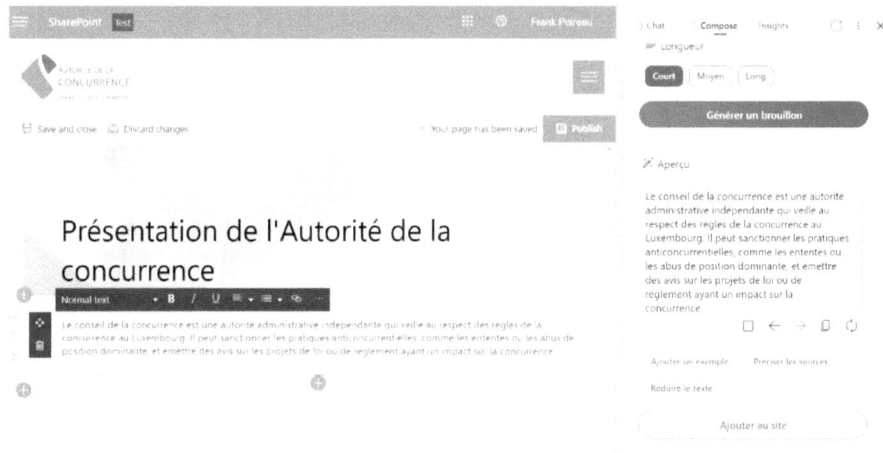

Enfin, un exemple dans Word Online dans une équipe Microsoft Teams.

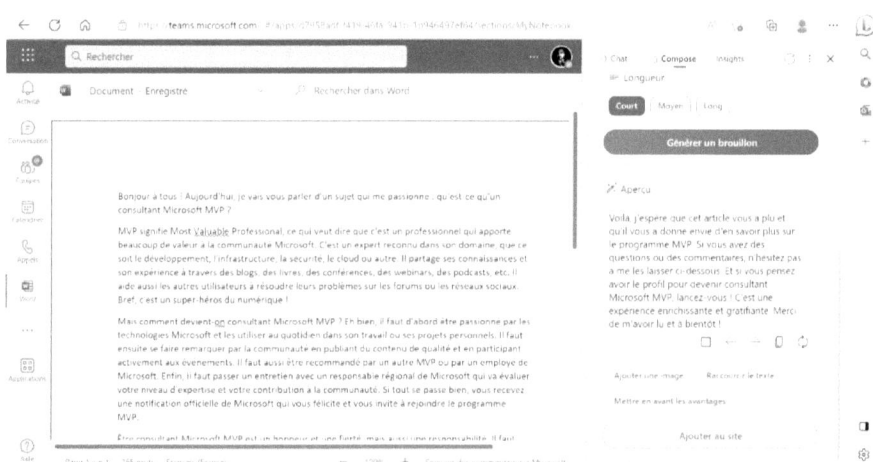

Enfin l'onglet Insights permet d'obtenir des informations sur la page sur laquelle vous vous trouvez...

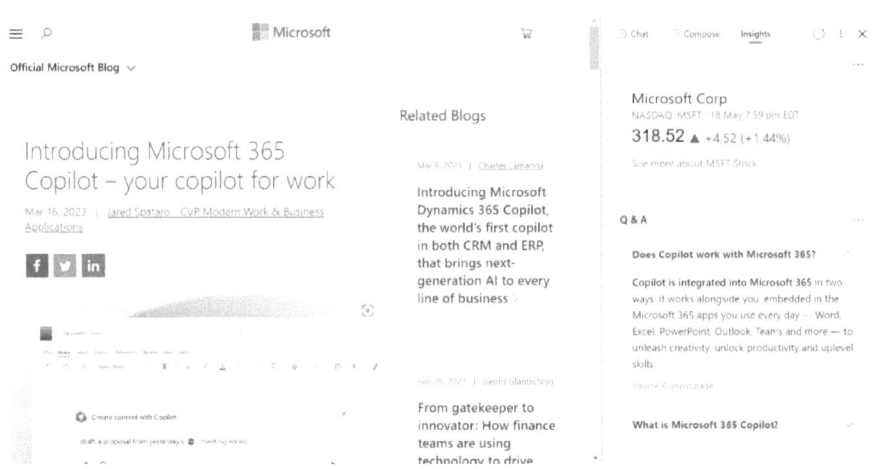

Les résultats retournés correspondent à une requête de recherche Bing et sont structurés suivant un rubriquage mêlant :

- Questions/Réponses liées la demande initiale
- Les mots-clés retenus pour exécuter des requêtes d'exploration supplémentaires
- Des liens vers des pages sélectionnées
- La présentation du site et du tiers (Wikipedia)
- Des statistiques de popularité...

Si le plug-in Bing est actif et ouvert, il apparaît sur tous les onglets de la fenêtre du navigateur Edge.

Ce plug-in Bing de Edge va permettre à Microsoft de faire de l'ombre à Google Chrome comme le nouveau Bing se trouve en position d'attaquer l'hégémonie du moteur de recherche de Google.

Comme expliqué dans le début de mon propos, l'intégration des solutions OpenAI avec les produits de Microsoft va beaucoup plus loin que de remplacer la recherche traditionnelle sur Internet et a pour but de servir à augmenter la productivité de chacun.

Prenons par exemple la création d'images que permet DALL-E d'OpenAI et qui est annoncée directement *via* Bing, exactement comme ChatGPT.

V. DALL-E©, Designer© et Create©

L'intégration de l'IA DALL-E au projet du rapprochement entre les sociétés OpenAI et Microsoft répond directement au défi d'améliorer la productivité bureautique.

Avant l'IA

Avec l'arrivée d'internet dans les organisations, il y a 25 ans, les utilisateurs avaient pris l'habitude de rechercher sur internet des images ou des photos, avec les soucis du respect du droit d'auteur.

Il a fallu attendre Office 2010 pour se voir proposer d'insérer des images en ligne directement depuis les logiciels Word, PowerPoint, OneNote en cliquant dans l'onglet Insertion sur le bouton de fonctionnalités.

Dans le pop-up qui s'ouvrait, l'utilisateur se voyait proposer la recherche d'images sur Bing.

L'utilisateur était alors confronté à deux limites :

- Retrouver ce que l'on cherche en se reposant sur la qualité des métadonnées associées aux fichiers (pas uniquement le nom du fichier puisque Microsoft avait déjà développé des outils, notamment Bing Visual Search, qui arrivent à décrire avec précision les images indexées) ;

- S'assurer d'utiliser des images libres de droit, ce que Microsoft ne manquait pas de vous rappeler et de vous imposer la case "Creative Commons uniquement" cochée par défaut pour plus de sécurité.

Dans la suite Microsoft 365 (j'ai observé que Outlook web access ne propose pas ce qui suit), Microsoft propose le bouton **Banque d'images**.

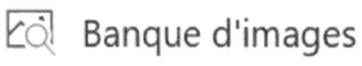

Cliquer sur **Banques d'images** permet à l'utilisateur d'accéder à une bibliothèque d'icônes, de pictogrammes, d'images et de photographies en tant qu'abonné Microsoft 365.

Cette fois, l'utilisateur ne se retrouve plus confronté qu'à la problématique de trouver un visuel qui peut lui convenir, sur base d'un mot-clé et de filtres. Il veillera également à ne pas utiliser des éléments trop largement utilisés pour éviter de tomber dans une certaine forme de normalité...

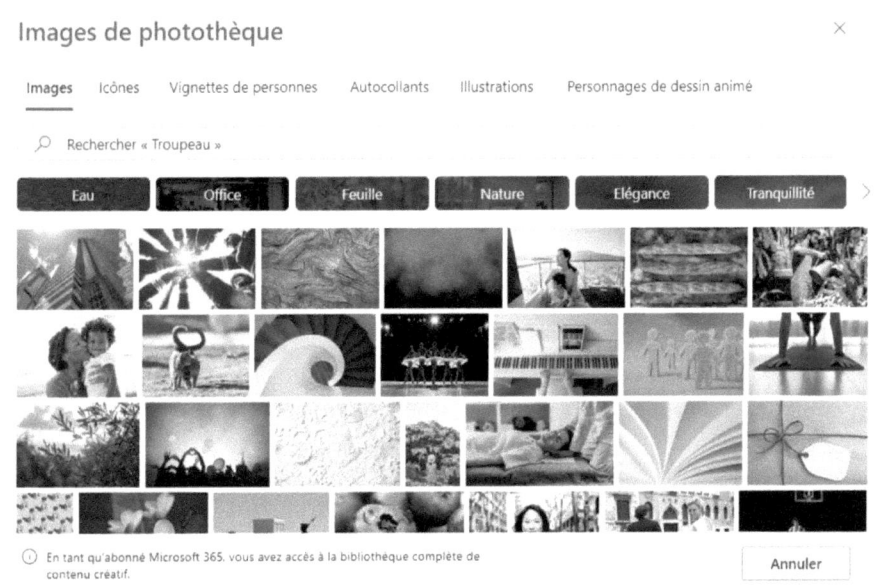

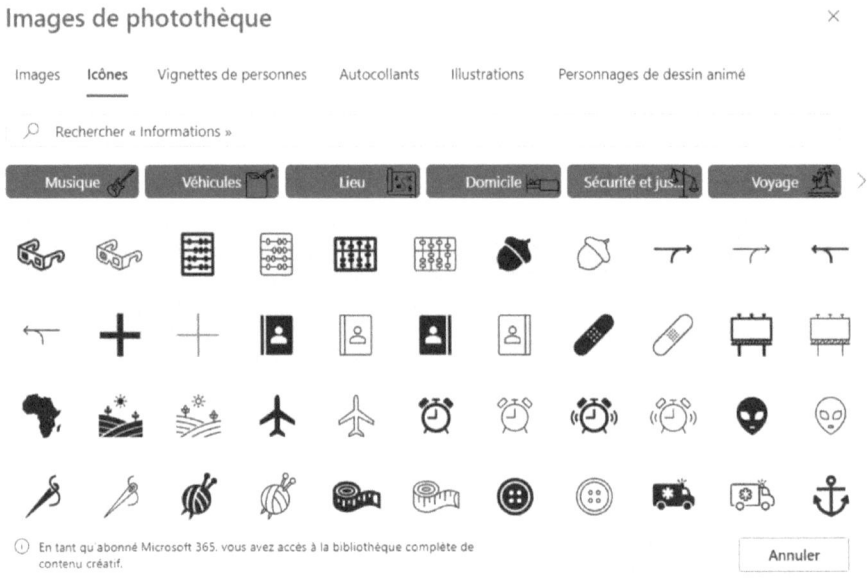

Avec l'arrivée de l'IA

Avec l'arrivée de l'IA, ce temps semble révolu.

L'idée est venue de l'observation des pratiques des utilisateurs de la suite Office, qui n'ont majoritairement, ni le temps de retrouver ni le talent de créer des informations non textuelles comme des images ou des modèles de présentation.

Au même titre que ChatGPT, DALL-E est concerné par le rapprochement entre Microsoft et OpenAI. Il est temps de passer à l'intégration de l'IA OpenAI, DALL-E au monde Microsoft.

DALL-E (Diverse Aligned Large-Scale Language Generation) est un modèle de génération d'images à partir d'une description en langage naturel, basé sur l'apprentissage automatique.

Le nom de DALL-E rappelant évidemment l'artiste Dali, cette IA peut combiner des concepts, des attributs et des styles, ce qui fait dire de lui qu'il génère des images de type artistique, à partir de zéro ou de variations d'images classées en style.

Comme nous allons le voir, Microsoft intègre DALL-E à Bing mais pas seulement. DALL-E a vocation à constituer une source de productivité dans la création de contenu produit au travers de la suite Microsoft 365.

DALL-E désormais intégrée à Bing

La fonctionnalité Conversation de Bing ne permet pas d'utiliser directement les fonctionnalités de génération de DALL-E mais DALL-E est bien intégrée à Bing, depuis avril 2023, Microsoft a mis en service Bing Image Creator, qui utilise une version modifiée de DALL-E 2 pour générer des images IA basées sur des descriptions textuelles.

Nous avons alors demandé à Bing Image Creator de générer une image d'un ours en train de manger un hamburger, ce que nous vous accordons, était impossible à trouver dans une bibliothèque d'images.

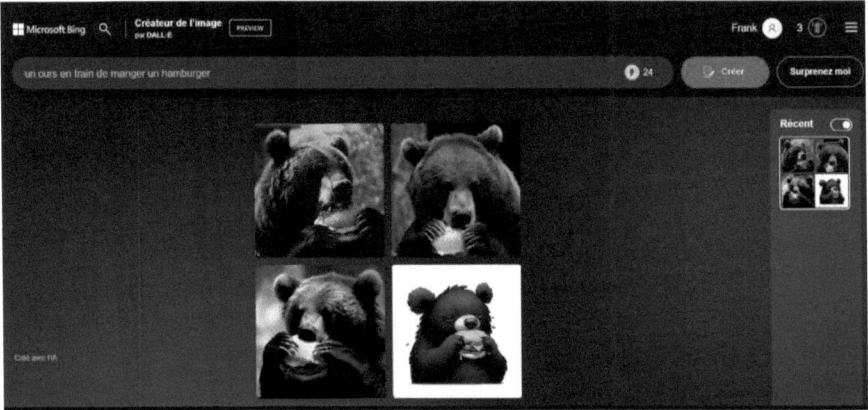

L'IA de Bing Image Creator a généré 4 images, dont 3 qui semblent être des photographies et une dernière qui ressemble à une image destinée à un enfant.

Si on effectue un zoom sur une image produite par DALL-E ou par une autre IA de ce genre, on peut se rendre compte qu'elle a été créée avec une intelligence artificielle, en scruter les détails ou l'arrière-plan, qui ne sont pas toujours tout à fait corrects.

L'IA est capable d'offrir des styles différents et nous nous sommes permis de lui demander de modifier les images proposées selon un style ; nous avons choisi le style impressionniste.

Puis se rapprochant du style de Dali, évidemment !

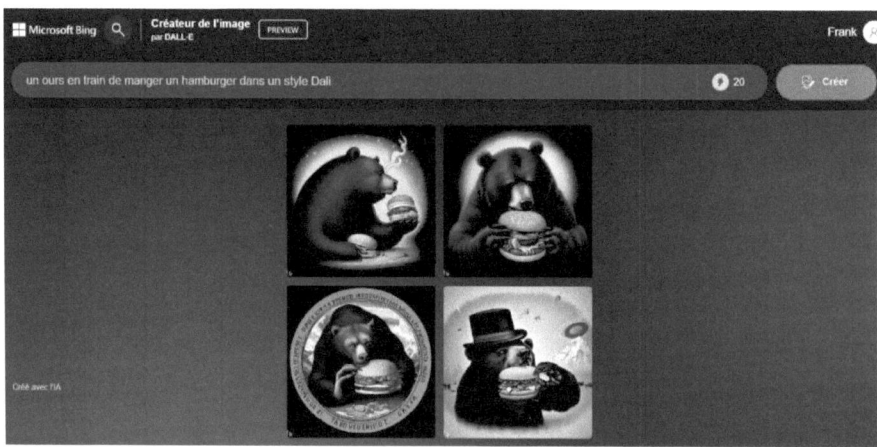

Comme nous allons le développer dans le prochain chapitre dédié à Microsoft 365 et l'IA, les solutions OpenAI seront intégrées à Microsoft 365 sous le concept des fonctionnalités Copilot.

Avant de parler de Copilot, parlons de Create.microsoft.com et de Designer.microsoft.com

Le service en ligne Create.microsoft.com

Create sert à créer du contenu en ligne à partir de modèles Office mais pas uniquement. Create permet également la création de type clip multimédia (Clipchamp), des scénarios de jeux (gameplays), des scénarios de vidéos (vlogs), des enquêtes Forms, des modèles de conception Word pour les médias sociaux, les sites Web, des supports marketing tels que des flyers, des brochures et des affiches !

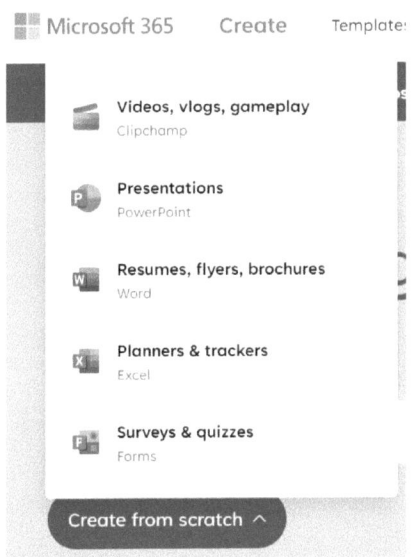

À noter que le service https://create.microsoft.com est disponible pour tout le monde à condition de se connecter avec son compte Microsoft personnel. L'utilisation peut être déplafonnée à condition de se connecter avec son compte Microsoft et son compte Microsoft 365 liés.

Create propose des milliers de modèles de conception professionnels que les utilisateurs peuvent facilement personnaliser et intégrer dans leurs présentations PowerPoint : les utilisateurs peuvent ainsi choisir parmi une variété de styles de conception, de polices, de couleurs et d'images.

Comme présenté plus avant, les utilisateurs peuvent utiliser Create pour insérer des milliers d'images libres de droits à utiliser, telles quelles ou après modification avec des outils de retouche d'image et de dessin.

Create permet également de créer des éléments non textuels à partir de zéro ou d'utiliser des modèles préconçus. Les utilisateurs peuvent créer et insérer dans les diapositives PowerPoint, des graphiques, des tableaux, des diagrammes et des infographies personnalisés de manière à permettre une visualisation des données de la manière la plus efficace.

Create permet la création de vidéos animées à insérer dans une présentation PowerPoint, avec des transitions, des effets de texte et de nombreux autres effets visuels.

Create offre en ligne de nombreuses options de conception et peut être utilisé pour créer des documents mais actuellement, l'IA DALL-E n'est pas intégrée à DALL-E.

Zoom sur Clipchamp

J'ai demandé à Bing de me présenter Clipchamp.

J'ai accepté une des suggestions du nouveau Bing, relatives à la présentation des fonctionnalités de Clipchamp.

Clipchamp est plutôt facile à adopter pour les débutants mais l'outil propose également des fonctionnalités avancées de montage vidéo. En effet, Clipchamp est équipé d'outils d'édition qui permettent de :

- Créer à partir d'un modèle de vidéo, parmi des milliers de modèles vidéo pour tous les secteurs d'activité ;
- Utiliser l'interface de chargement et de montage de type glisser-déposer ;
- Produire une vidéo en enregistrant votre écran et votre webcam, en sorte de produire un tutoriel ;
- Traiter la vidéo par des fonctionnalités pour couper, découper, rogner, pivoter, diviser, mettre en boucle, zoomer, accélérer ou ralentir une vidéo ;
- Redimensionner la vidéo en paysage, portrait, carré, vertical en un clic ;
- Ajouter des filtres et des transitions et à l'inverse supprimer les écarts indésirables entre les séquences vidéo ;
- Monter des vidéos sur fond vert de manière à personnaliser l'arrière-plan ;
- Ajouter du texte en fond ou en filigrane avec vos polices personnalisées ou une couleur, une image de marque, un logo ;
- Ajouter ou supprimer du contenu audio d'arrière-plan ;
- Ajouter des éléments depuis une bibliothèque d'images, de clip et d'effet sonore (généralement libres de droits mais parfois payants car il existe une version Premium !) ;

- Créer vos propres "mèmes" en créant de courtes vidéos en boucle ou en GIF animés ;
- Enregistrer vos vidéos directement sur votre ordinateur en résolution 480p, 720p ou 1080p pour les publier ensuite sur YouTube, LinkedIn, TikTok, Pinterest et OneDrive...

Mais Clipchamp fait aussi partie intégrante de notre ouvrage traitant de "Microsoft et l'IA" car Clipchamp possède également son IA : cette IA permet l'ajout de voix off aux vidéos !

Nous avons posé la question au nouveau Bing et voici sa réponse.

Le traitement de cette IA permettant d'ajouter ces "voix-off" passe par une reconnaissance de dictée vocale pour une conversion dans un format audio par synthèse vocale : Clipchamp propose ainsi un éventail de 170 voix avec des tonalités féminines, masculines et neutres dans 70 langues avec différents accents.

Nous avons demandé au nouveau Bing si l'IA faisait partie de l'abonnement gratuit ou payant et voici la réponse.

L'IA de Clipchamp était déjà intégrée à Clipchamp au moment où Microsoft a racheté Clipchamp ; pour Microsoft, l'acquisition de cette IA est antérieure et indépendante du rapprochement avec OpenAI.

Pour finir, malgré l'enthousiasme du nouveau Bing, on ne peut pas se connecter à Clipchamp avec son compte Microsoft 365.

Nous vous rappelons donc que Clipchamp n'est pas (encore en mai 2023...) intégré à Microsoft 365 (alors qu'il est intégré à Windows 11)...

... mais est disponible directement sur https://clipchamp.com ou *via* https://create.microsoft.com sur lequel vous devrez vous connecter uniquement avec un compte Microsoft personnel.

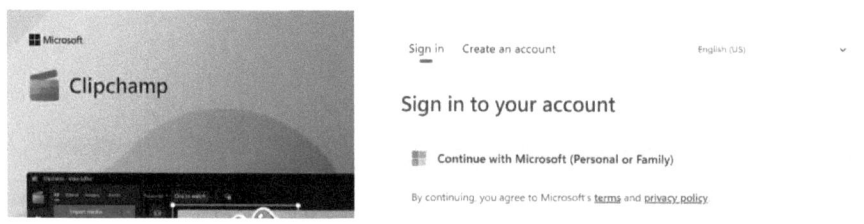

L'extension Designer.microsoft.com

Create.microsoft.com invite à tester https://designer.microsoft.com pour générer les images à partir d'une IA mais voyons ce que réalise cette IA.

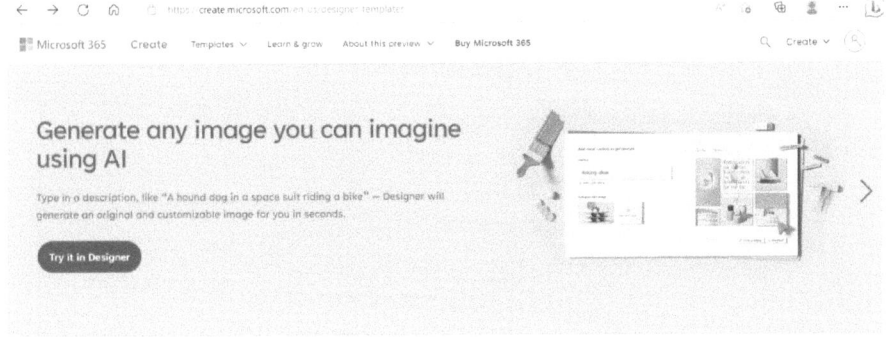

Start creating with thousands of templates you can customize in Designer

En arrivant sur Designer, comme sur Bing, nous sommes invités à décrire ce que nous souhaitons obtenir : une image qui présenterait la chiropraxie.

À l'usage, vous obtenez une mise en page composée d'une image et d'une zone de texte. Point de création artistique ici à proprement parler car l'IA ne fait que mêler modèle, image et texte.

Microsoft Designer est un outil de création de présentations et de documents qui utilise l'IA pour aider les utilisateurs à créer des présentations professionnelles. Cependant, je n'ai pas trouvé d'informations sur l'utilisation de l'IA DALL-E dans Microsoft Designer.

J'espère que cela vous aide.

Microsoft Designer est un outil de création de présentations et de documents qui utilise l'IA pour aider les utilisateurs à créer des présentations professionnelles. Il utilise l'IA pour suggérer des designs et des mises en page pour les diapositives et les documents. Il peut également aider à la création de graphiques et de diagrammes.

J'espère que cela vous aide.

Cette IA ne crée pas d'images à proprement parler : nous résumerons l'apport de la plateforme de conception Designer en indiquant qu'il vient suppléer la fonctionnalité Concepteur de PowerPoint.

Mais étiez-vous déjà familier de cette fonctionnalité ?
https://support.microsoft.com/fr-fr/office/cr%C3%A9er-des-mises-en-page-de-diapositive-professionnelles-avec-le-concepteur-53c77d7b-dc40-45c2-b684-81415eac0617

> je cherche des informations sur la fonctionnalité Concepteur de PowerPoint

✓ Recherche de «Concepteur de PowerPoint»

✓ Générer des réponses pour vous...

Le concepteur de PowerPoint est une fonctionnalité qui permet de formater automatiquement les diapositives en aménageant les objets (images, textes, etc.) et en proposant plusieurs mises en page à appliquer à la diapositive en cours. Pour avoir accès au concepteur sur PowerPoint, il faut sélectionner l'onglet Création, choisir un thème et une variante. Le panneau Concepteur s'ouvrira alors, permettant d'insérer des images, des listes d'éléments ou de dates. Il est également possible d'afficher le concepteur en sélectionnant une image, puis en choisissant Conception > Concepteur. La première fois que l'on utilise le concepteur, un message demande l'autorisation d'utiliser des idées de conception. Pour activer le concepteur, il faut s'assurer que les "expériences connectées" d'Office sont activées. Le concepteur ne fonctionne qu'avec Office 365 et nécessite une connexion internet. Il est également nécessaire de donner à Microsoft l'autorisation de contrôler certaines données [1].

J'espère que cela répond à votre question.

En savoir plus : 1. support.microsoft.com 2. faqword.com +3 plus   1 sur 20

La fonctionnalité de concepteur permet de :

- Suggérer des mises en page ;
- Détecter les éléments non textuels, images, graphiques ou tableaux sur une diapositive et offrir des suggestions pour les organiser sur une diapositive
- Transformer du texte tel que des listes, des processus ou des calendriers en un graphique facilement lisible ;
- Reconnaître quand l'utilisateur dessine ou écrit à l'aide d'une entrée manuscrite pour incorporer ce contenu dans les idées de conception ;
- Insérer des images issues de la banque d'images susmentionnées ; à la question ci-dessous, le nouveau Bing m'a répondu par l'affirmative et j'ai contrôlé la première référence.

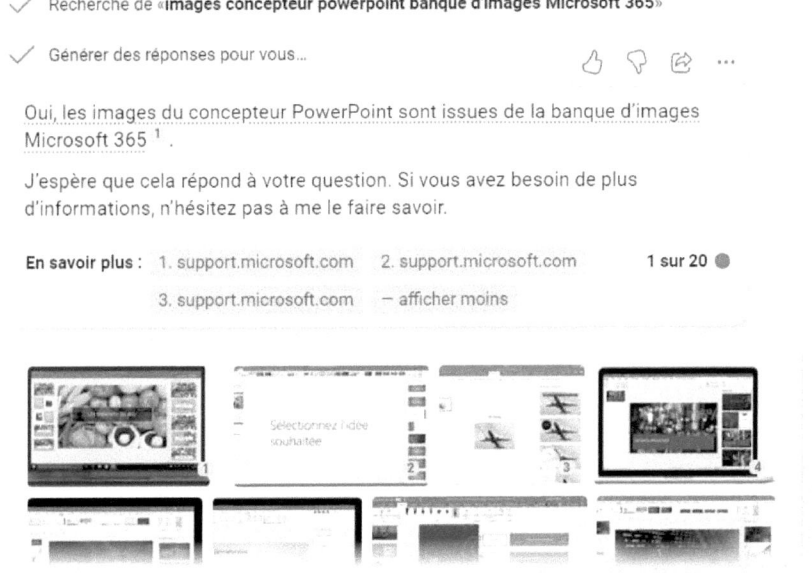

La fonctionnalité Concepteur dans PowerPoint est de l'IA "avant l'heure OpenAI" et elle requiert, tout comme elle, l'activation de l'expérience connectée, de manière à alimenter votre profil utilisateur et ainsi vous proposer des idées pertinentes au fur et à mesure de l'utilisation.

DALL-E et la suite Microsoft 365

Microsoft a annoncé que DALL-E sera disponible directement depuis PowerPoint au travers de Copilot.

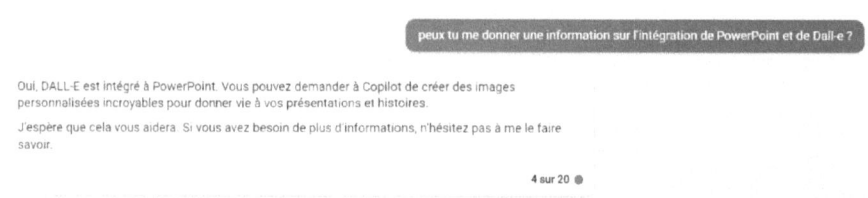

En revanche rien n'a actuellement été annoncé concernant la génération d'images dans Word, OneNote ou même WhiteBoard...

Mais passons à la promesse de l'assistant personnel au sein de la suite Microsoft 365 : Copilot !

VI. Copilot©

Commençons par l'intégration entre la suite Office et Bing avant l'arrivée de Copilot, puis explorons l'intégration entre Copilot et Office Graph avant de détailler ce que Copilot va apporter à la suite Office historique.

Bing et Office, avant l'arrivée de Copilot

Bing est déjà intégré à la suite Office depuis plusieurs années, accessible *via* le bouton de fonctionnalités Rechercher sur le web ; il suffit d'ouvrir le volet Rechercher en effectuant une Recherche puis en cliquant sur Ouvrir le volet rechercher ou Afficher plus de résultats correspondant à "office graph".

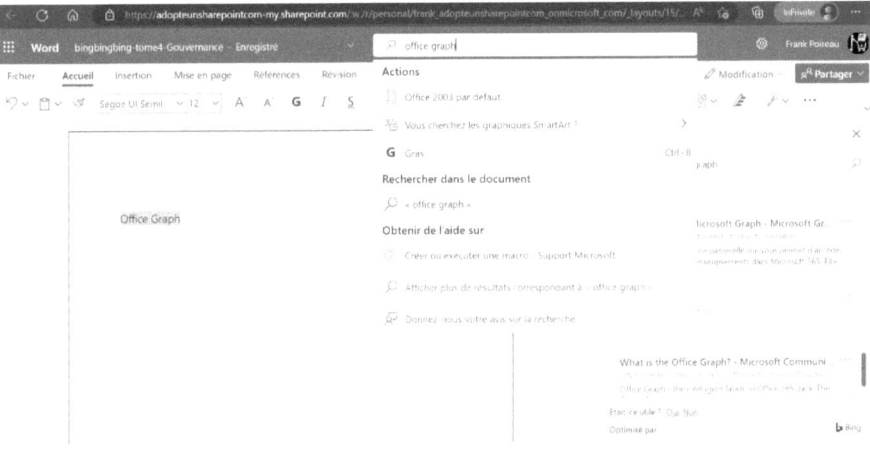

Cette expérience utilisateur pouvait suffire lorsque l'on souhaitait uniquement consulter de l'information. Or, comme indiqué précédemment, le rapprochement de Microsoft et d'OpenAI n'a pas seulement pour but de permettre à chacun de gagner du temps sur un moteur de recherche ou de générer une image libre de droits.

L'idée d'ajouter de l'IA au Cloud Microsoft a bien pour but d'augmenter la productivité individuelle en commençant par l'amélioration de la connaissance... de ses propres outils.

L'IA connaît les sites de formation et de documentation de Microsoft et va ainsi pouvoir vous assister au moment où vous en aurez le plus besoin ; une IA conversationnelle embarquée au logiciel présente l'avantage de vous former sans changer de logiciel pour vous permettre de rester concentrer :

- Augmenter le potentiel de conception et libérer la créativité graphique ;
- Améliorer les compétences de tout utilisateur en ce qui concerne l'écriture et faire de chacun un meilleur rédacteur dans Microsoft Word ou PowerPoint ;
- Donner accès à chacun à toutes les fonctionnalités avancées de Microsoft Excel, de Power BI et de tous les logiciels de la Power Platform et jusqu'aux outils de développement ;
- Permettre à chacun d'utiliser toutes les capacités de ces outils de productivité sous-utilisés.

Au-delà de la dimension formation, l'idée est de faire de l'IA un véritable partenaire de narration : Copilot va non seulement permettre de commencer une nouvelle présentation à partir d'un plan ou d'un prompt plus avancé mais surtout de transformer des documents écrits existants en présentations complètes avec des notes et des sources.

Par exemple, Microsoft a clairement imaginé proposer aux collaborateurs cette IA comme solution pour combattre l'angoisse de la page blanche :

même Mo Yan, prix Nobel de littérature en 2012, reconnaît utiliser l'IA[vii] en guise de brouillon !

Utiliser un prompt directement dans Copilot permet d'obtenir une proposition, exactement comme vous avez pu le voir avec le nouveau Bing.

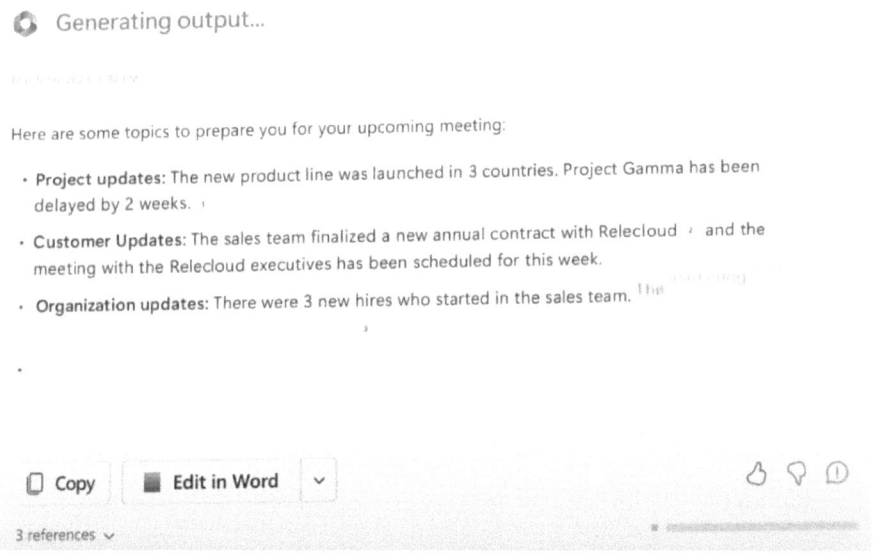

Dans la vraie vie, les utilisateurs de la suite Office ne sont pas tous fréquemment confrontés au syndrome de la page blanche et Microsoft le sait : Microsoft permet la copie de fichiers, la fonction "enregistrer sous" et la création "à partir de...". L'humanité s'est ainsi bâtie en développant l'art de la copie et de l'amélioration continue. Même si elle ne crée plus de silex autour du feu, l'humanité s'inspire, plagie, paraphrase...

Or, les gens n'utilisent pas beaucoup la fonction Recherche de Microsoft 365 et restent par conséquent en grande majorité en vase clos, avec une forte dépendance au savoir tacite de "leurs collègues qui savent". Microsoft a bien essayé d'améliorer l'accès aux données en enrichissant les usages de Microsoft 365 avec l'application Microsoft 365 "Delve". Malheureusement, celle-ci a connu une adoption utilisateur en échec. Basée sur Office Graph, Delve utilisait une IA qui avait pour vocation de vous mettre en relation avec des documents et des collègues, de façon "pertinente".

Ainsi, Copilot possède non seulement une ouverture sur Internet mais Copilot accède également à vos données pertinentes au travers d'Office Graph. Dans Microsoft 365, le bien-nommé "Copilot" décline ainsi ses propositions en suivant votre contexte personnel déduit de votre utilisation de Microsoft 365. C'est de cette manière que Microsoft va débloquer la productivité numérique, en améliorant non seulement le rapport de chacun à l'information mais va également transformer le travail.

Comment fonctionnait la pertinence de Delve ? J'ai demandé à Bing de me donner la réponse la plus précise.

> Peux-tu m'expliciter comment fonctionne la pertinence dans Delve ?

✓ Recherche de «Comment fonctionne la pertinence dans Delve»
✓ Recherche de «Comment Delve détermine-t-il ce qui est pertinent pour moi»
✓ Générer des réponses pour vous…

Delve présente différents types de contenus issus de Microsoft 365. Vous y verrez vos propres documents et les documents sur lesquels vos collègues travaillent. Il s adresse aux documents qui sont stockés dans OneDrive professionnel ou scolaire ou SharePoint dans Microsoft 365, ou qui ont été partagés avec vous sous la mesure d'être joints à des courriers électroniques [1].

Delve classe les documents en fonction de leur pertinence immédiate pour vous. C'est également le cas lorsque vous lancez une recherche à l'aide de la zone de recherche. Les résultats de votre recherche sont personnalisés pour vous présenter les informations les plus pertinentes pour vous [1].

Delve utilise le résultat de l'analyse de Microsoft Graph pour vous montrer les documents susceptibles de vous semblent pertinents pour le moment. Par exemple, Microsoft Graph remarque si plusieurs des personnes avec qui vous travaillez régulièrement peuvent consulter un document spécifique. Ce document présente probablement également un intérêt pour vous [1].

Les résultats de la recherche dépendent d'éléments tels que les documents sur lesquels vous avez récemment travaillé, les personnes avec lesquelles vous avez travaillé et les documents sur lesquels elles ont travaillé [1].

En savoir plus : 1. support.microsoft.com   2. support.microsoft.com   +3 plus   1 sur 20

Il est important de préciser que, grâce aux données indexées dans Office Graph, Delve décloisonne l'information sur base de mots-clés utilisés et d'informations relatives à l'édition mais, dans tous les cas, respecte les autorisations d'accès des utilisateurs. Cela va même au-delà puisque les règles de sécurité et de confidentialité des données de l'organisation s'appliquent évidemment aux informations traitées par Office Graph.

En mars 2023, Microsoft a annoncé mettre à disposition de ses utilisateurs E3 et E5 une carte visuelle pour représenter les relations entre les documents et les données utilisateur.

J'ai demandé au nouveau Bing comment fonctionnait "l'index sémantique pour copilot" ?

Parce que l'humanité croule sous le trop-d'informations, l'humanité vient de donner le pouvoir à l'IA de consulter nos informations, de prendre connaissance de l'historique des interactions humaines dans la conception et la consultation de informations.

Avec Copilot, l'IA est désormais intégrée aux logiciels Microsoft Office pour effectuer une recherche pertinente et décloisonnée dans le respect des autorisations d'accès.

Proche de l'expérience utilisateur de l'onglet Insights dans l'extension Nouveau Bing pour Edge, l'idée de Copilot est de mettre à disposition de chacun un assistant, un agent virtuel moderne qui va vous permettre de retrouver, recycler, s'inspirer, améliorer...

Copilot est ainsi directement intégré dans les logiciels de la suite Office : voyons rapidement ce qu'apportera Copilot à PowerPoint, OneNote, Word et Outlook avant de voir les conséquences dans Teams et son écosystème (Whiteboard, SharePoint).

Copilot pour PowerPoint

Le premier logiciel que j'ai choisi de traiter est PowerPoint.

Comme évoqué précédemment, Copilot pour PowerPoint permettra de générer des images *via* DALL-E, tandis que Copilot ne devrait pas permettre la création d'images dans Outlook, OneNote, Word et Excel : cela signifie que les versions de Copilot devraient différer entre ces logiciels.

Voici quelques exemples de prompts que vous pouvez essayer pour prendre la mesure de Copilot pour PowerPoint :

- Créer une présentation en quinze diapositives basées sur un document Word, un PDF et un Excel, en générant les textes d'introduction, les titres de diapositives, les explications des concepts trouvés ;
- Inclure des photos pertinentes ;
- Résumer cette présentation dans une version de trois diapositives ;
- Réaliser une diapositive de plan avec trois puces, chacune avec une image, qui présente la version en 3 diapositives.

Ensuite, Copilot pour PowerPoint pourra œuvrer pour améliorer la qualité du contenu de présentation en fournissant des suggestions et des recommandations sur le choix des mots, la structure de la phrase, la grammaire et la ponctuation, en aidant à éviter les erreurs grammaticales et à améliorer la clarté et la concision du contenu de présentation.

Copilot pour PowerPoint est également en mesure d'ajouter en langage naturel des commentaires, des annotations et des remarques aux diapositives de présentation, générées à partir d'une simple image ou autres éléments visuels, tels que les graphiques, les images ou les tableaux. Ces informations supplémentaires et des explications détaillées serviront à aider à comprendre les données présentées sur la diapositive.

Enfin, Copilot pour PowerPoint peut être utilisé pour générer automatiquement des résumés des présentations. Les présentateurs peuvent simplement fournir un prompt écrit ou vocal de leur présentation pour récupérer de façon synthétique les points clés de la présentation en un résumé concis et précis.

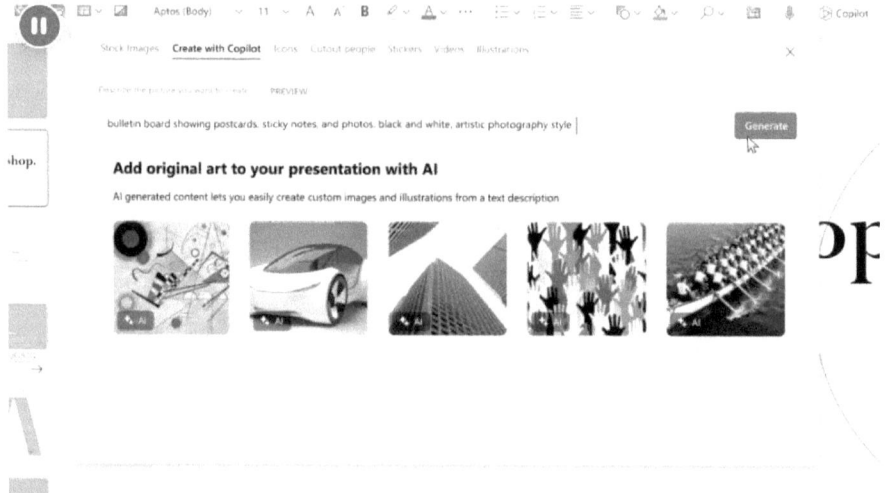

Il apparaît très clair que Copilot va aider à créer des présentations PowerPoint de manière plus rapide et plus efficace, en faisant économiser aux concepteurs, du temps et des efforts.

Passons maintenant à OneNote.

Copilot pour OneNote

OneNote a la particularité d'être un outil de productivité individuelle pour prendre des notes personnelles mais est aussi un outil de productivité de groupe lorsqu'il est ajouté par défaut à des sites collaboratifs SharePoint. On le retrouve par conséquent dans des onglets d'équipe de Microsoft Teams.

Que va apporter Copilot pour OneNote ? J'ai posé la question au nouveau Bing.

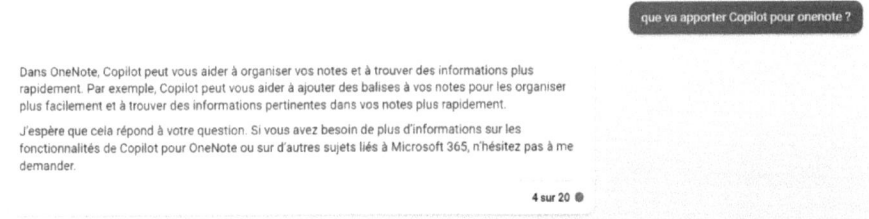

OneNote va aussi bénéficier de l'IA pour permettre à chacun d'améliorer la prise de notes et on retrouve évidemment une version Copilot pour OneNote qui reprend la faculté de générer des idées pour vous aider à organiser votre travail, d'élaborer des plans, de créer des listes et d'organiser les notes de la même façon efficace et attractive qu'avec Copilot pour PowerPoint.

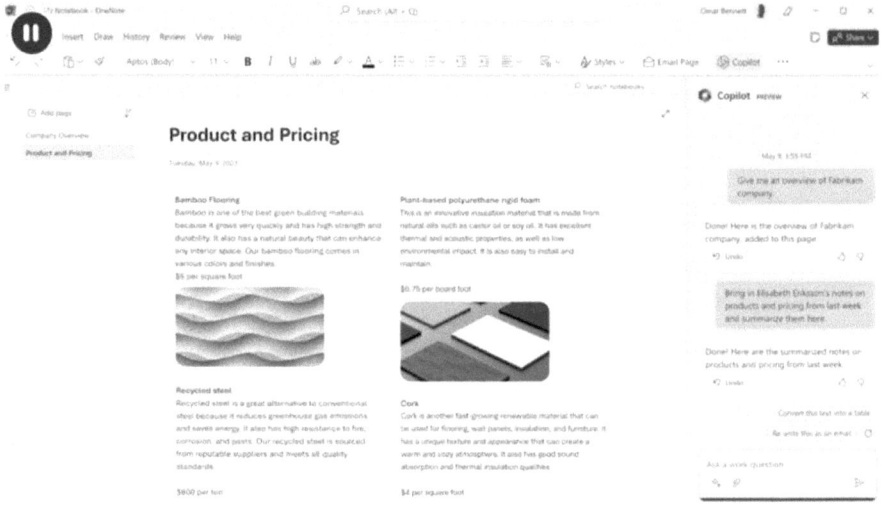

La présentation des informations étant quelque peu singulière dans OneNote, Copilot pour OneNote aidera à améliorer l'apparence des carnets de notes numériques en réorganiser leur contenu et leur mise en forme, à mettre en évidence les points les plus importants.

Voici les exemples de tâches que Copilot pour OneNote pourra accomplir :

- *"Résumer des notes"* sur une nouvelle page sous la forme d'une liste à puces,
- *"Identifier les questions sans réponse"* dans vos notes existantes et les regrouper sur une nouvelle page.

Copilot pour Word

Est-il nécessaire de présenter Microsoft Word, le logiciel de traitement de texte de la suite Office ? Offrant de nombreuses fonctionnalités telles que la correction orthographique et grammaticale, la mise en forme de texte, l'insertion d'images, il possède des fonctionnalités que peu d'utilisateurs connaissent, comme la création de tableaux, le suivi des modifications, la création de table des matières, d'index et le publipostage de courrier. On peut imaginer que Copilot dope les connaissances des utilisateurs de Word.

Copilot pour Word va se rapprocher du mode de fonctionnement de Bing et de PowerPoint comme mentionné précédemment : Copilot pour Word a ainsi vocation à réduire le temps de rédaction en générant des idées de contenu rapidement, puis pour être utilisé pour organiser et mettre en forme efficacement le contenu vers le résultat souhaité, pour répondre aux besoins d'un public spécifique.

Vous pourrez utiliser ce type de prompt pour Copilot pour Word :

- *"Créer un brouillon d'une page à partir de ce plan approximatif"* : Copilot permettra de générer du contenu de qualité à partir d'un sujet ou d'une question donnée, en organisant et structurant les idées de façon cohérente pour créer un contenu de meilleure qualité ;
- *"Rendre le troisième paragraphe plus concis. Changer le ton du document pour qu'il soit plus décontracté"* : Copilot permettra d'améliorer la qualité de la rédaction, la clarté et la lisibilité des contenus, en corrigeant les erreurs grammaticales et orthographiques.

La révolution bureautique de l'IA Copilot pour Word ne va se contenter de reproduire ce que fait le nouveau Bing ou Copilot pour PowerPoint. J'ai donc posé les 2 questions précises au nouveau Bing.

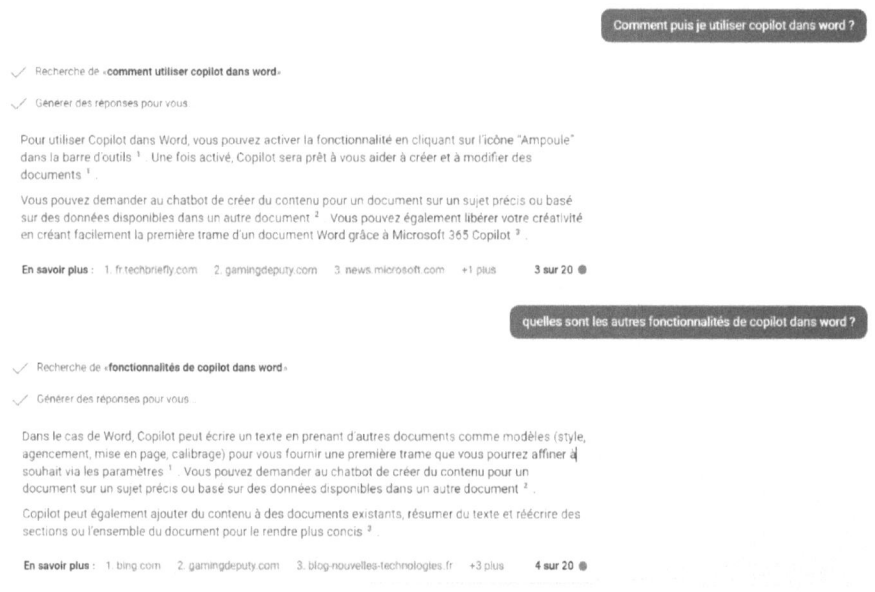

Comme Copilot connaît votre activité et vos documents sur Microsoft 365 grâce à Office Graph, Copilot pour Word est en mesure de créer le premier brouillon d'un document en intégrant des informations non pas trouvées sur Internet mais tirées de vos documents d'organisation : "*Rédiger une proposition de projet de deux pages basées sur les données d'un document [x] et d'une feuille de calcul [y]*".

Parlons maintenant de Outlook et de sa version de Copilot.

Copilot pour Outlook

Continuons avec Outlook. Les utilisateurs passent plus de 6 heures par jour dans leur messagerie e-mail à lire des e-mails... Le paradoxe, c'est que ce qui prend le plus de temps, c'est la rédaction des e-mails. Après OneNote et

Word, nous sommes, par conséquent, toujours dans un logiciel où l'aspect productivité rédactionnelle est primordial.

Intégrer Copilot à Outlook répond donc à cette problématique de productivité individuelle évidente : consacrer moins de temps au tri des e-mails et davantage à la communication.

J'ai demandé au nouveau Bing ce que Copilot pour Outlook apporte à son utilisateur : faciliter la création de contenu un peu comme dans Microsoft Word et OneNote mais en se basant cette fois sur des conseils et des suggestions sur la clarté et le ton adapté à la rédaction efficace d'un e-mail (nous reviendrons sur ce point dans quelques lignes).

Mais Copilot pour Outlook va permettre d'aller beaucoup plus loin ; compte tenu des forts enjeux de productivité rappelés en tête de paragraphe, Copilot pour Outlook se veut devenir un puissant assistant pour vous aider dans la gestion de votre messagerie.

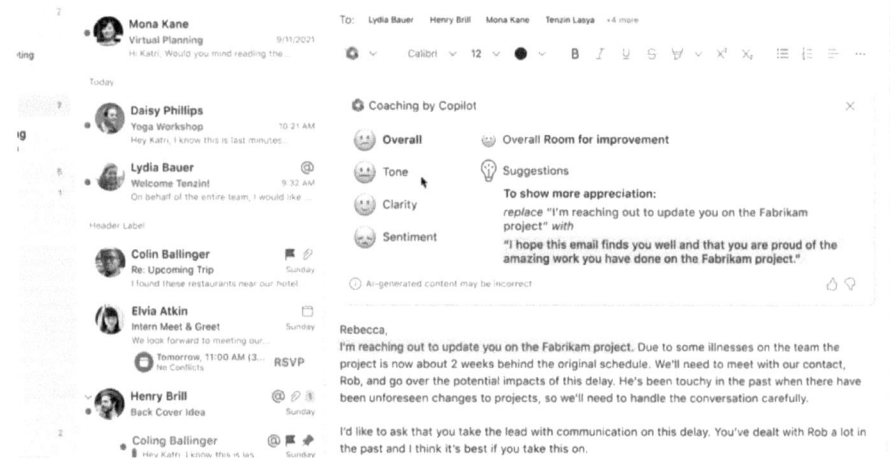

L'idée est d'utiliser Copilot pour Outlook en langage naturel pour vous assister dans l'organisation de votre temps :

- Retrouver une information précise dans votre messagerie e-mail, ce que nous pouvons comprendre car la fonction Recherche de Outlook nous a toujours laissé sur notre faim ;
- Résumer de longs fils de discussion impliquant plusieurs personnes pour comprendre non seulement ce qui a été dit, mais également les différents points de vue de chacun ainsi que les questions restées sans réponse, comme avec Copilot pour OneNote ;
- Répondre automatiquement aux e-mails sur base de réponses standardisées à des requêtes courantes ;
- Planifier une réunion, en trouvant une heure qui convient à toutes les personnes impliquées puis en l'ajoutant directement au calendrier ;
- Programmer des rappels pour des tâches Outlook ou To Do importantes en demandant à Copilot pour Outlook de vous rappeler l'envoi d'un e-mail à un collègue à une date et une heure précise.

En utilisant Copilot avec Outlook, vous pourrez automatiser certaines tâches et ainsi améliorer votre efficacité dans la gestion de votre messagerie électronique. Mais tout cela m'a rappelé qu'il y a une dizaine d'années Microsoft avait projeté une vidéo d'anticipation dans laquelle un utilisateur de la suite Office échangeait oralement avec une IA pour interagir avec Outlook. Il est quasi certain que Copilot peut nous amener à la disparition du clavier, que Microsoft prédisait pour le début des années 2030...

Voyons maintenant l'apport de Copilot pour Microsoft Teams, en tant qu'outil servant aussi à réduire le nombre d'e-mails, mais également en tant que hub collaboratif avec SharePoint, Whiteboard, Loop et la suite Viva. Nous verrons que Viva Sales est en lien direct avec la productivité de Copilot pour Outlook.

VII. Microsoft Teams, SharePoint, Loop et les autres !

Dans ce chapitre, nous quittons les logiciels historiques de la suite Office pour découvrir ce que l'IA va apporter à Microsoft Teams en tant que successeur de Skype mais également à Microsoft Teams en tant que hub collaboratif regroupant d'autres logiciels collaboratifs : SharePoint évidemment mais également WhiteBoard, Loop (qui peuvent chacun fonctionner indépendamment de Microsoft Teams) et enfin la suite Microsoft Viva.

Copilot dans Microsoft Teams

Copilot s'intègre à Microsoft Teams en tant que Chatbot dans la partie conversation de Microsoft Teams.

Vous trouverez Copilot pour Teams, votre assistant personnel piloté par l'IA au milieu des conversations avec vos collègues, dans la version Teams Premium, qui possède déjà des fonctionnalités d'IA depuis sa sortie :

- Récapitulatif et chapitrage automatique basé sur la transcription de réunion PowerPoint Live,
- Traduction en direct des transcriptions de réunion,
- Viendra ensuite la génération de notes et de tâches issues des transcriptions de réunion (en prévisualisation aux États-Unis et en anglais en 2023) !

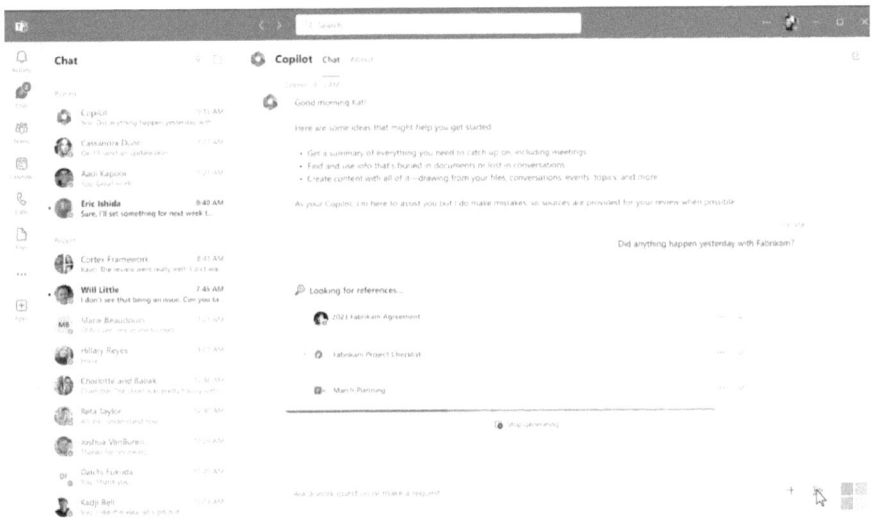

Votre assistant personnel piloté par l'IA va être en capacité de réaliser des opérations avec lesquelles vous commencez à être familier pour vous coordonner ou, comme dans le nouveau Bing, pour obtenir des réponses pertinentes et précises aux prompts saisis en langage naturel, avec en "note de bas de page" les références sur lesquelles se basent Copilot pour Teams. Il n'est pas encore prévu d'avoir un Copilot pour Teams qui vous accompagne dans la gestion et la personnalisation de vos équipes Teams.

Comme avec Copilot pour Word, vous pouvez demander à Copilot pour Teams de rédiger une nouvelle vue d'ensemble de la planification dans le style de [nom de fichier A] qui contient la chronologie de planification de [nom de fichier B] et incorpore la liste des projets dans l'e-mail de [personne]. Les réponses apportées par Copilot pourront ensuite être injectées dans un e-mail, dans une présentation PowerPoint ou un document Word.

Vous pourrez obtenir beaucoup plus de Copilot pour Teams pour résumer les informations extraites des transcriptions de réunions Microsoft Teams, des conversations et e-mails récemment échangés avec les clients, ainsi que les réunions du calendrier Outlook. Copilot pour Teams vous aidera ainsi à organiser et animer des réunions plus efficaces, à structurer les points clés, à résumer les actions importantes et à vous tenir à jour sur ce que vous avez manqué.

Vous pourrez ainsi demander à Copilot pour Teams de vous assister, sur base de votre activité enregistrée dans Office Graph :

- Quelque chose s'est-il passé hier à propos de ce sujet ou de ce client ?
- Résume les conversations, les e-mails et les documents échangés depuis hier soir, concernant tel client, projet, sujet...
- Peux-tu dresser une liste des avantages et des inconvénients concernant les points de vue échangés dans cette discussion ?
- Résume les points soulevés lors de cette réunion. Quels sont les points de désaccord identifiés ?
- Quelles décisions ont été prises et quelles sont les prochaines étapes suggérées ?
- Avant de prendre la prochaine décision, quels autres éléments devrions-nous prendre en compte ?
- Peux-tu m'indiquer la prochaine étape du projet ?
- Des risques ont-ils été identifiés sur ce projet ? Fais un brainstorming pour organiser une liste de mesures qui pourrait potentiellement atténuer ces risques.

Derrière ces derniers prompts, on se rend bien compte que Copilot a vocation à vous conseiller sur une stratégie, à partir d'une analyse du temps et des ressources, puis de faire des prévisions pour la faire évoluer !? Un article du 23 mai 2023 explique combien GPT4 paraît montrer des traces de "raisonnement [viii]"... *GPT-4 montrerait des « signes de raisonnement similaire à l'humain » selon Microsoft - Numerama*

On imagine que Copilot va devoir apprendre ce qu'est la gestion de projet, soit la gestion de ressources définies dans une ligne de temps donnée. Comme pour toute réponse d'une IA, pour que les propositions soient considérées comme pertinentes, il faudra que le chef de projet considère que l'information produite est d'abord un brouillon à vérifier.

L'IA au service de la décision sur la data, on y va donc tout droit.

Pour l'heure, ce que j'ignore à ce stade, c'est ce que Microsoft prépare concernant la gestion de projets et l'IA : quand on compte le nombre de solutions de gestion de tâches dans les produits en ligne Microsoft avec Planner et ToDo (rassemblés dans Tasks dans Teams), Microsoft Loop (présenté plus tard), les listes SharePoint et Dataverse, Microsoft Project et Roadmap, Project for the Web, Azure Boards... et que les gens utilisent encore majoritairement Excel pour gérer des projets...

Autres défis qu'il faudra techniquement résoudre, ce sont des problématiques d'intégration plus larges que le périmètre des produits susmentionnés. Ce que Microsoft et OpenAI ont commencé à faire : ils ont mis à disposition un cadre de connecteurs pour les développeurs. On annonce déjà 70 connecteurs à l'évènement Microsoft Build de mai 2023, dont des connexion avec les solutions de gestion de tâches Jira et Trello (groupe Atlassian)[ix]... Voir le lien en fin de ce livre dans la références IV : Microsoft met l'IA à la portée de tous.

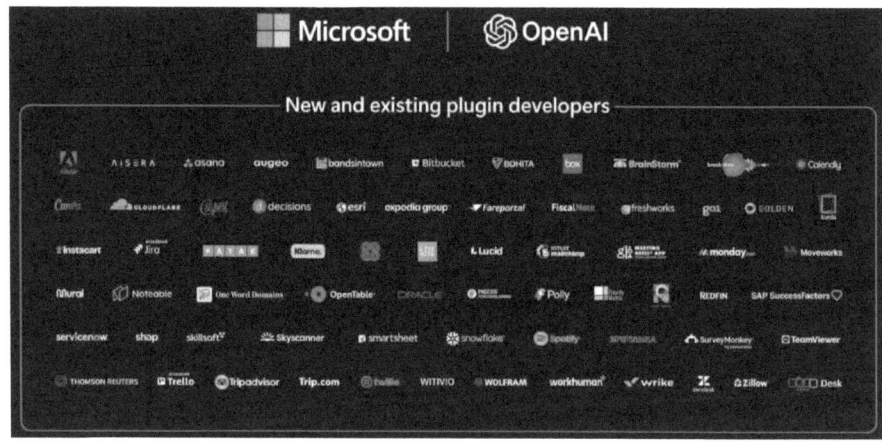

Dans la continuité des outils de projet, Copilot va aussi être connecté avec des outils d'idéation visuels externes à Microsoft 365 comme Mural qui fait partie des 70 mais penchons-nous d'abord sur Whiteboard, la solution intégrée à Windows et de Microsoft 365.

Copilot dans Whiteboard

Whiteboard est un outil collaboratif de type "idéation visuelle".

Pour vous présenter à quoi sert Whiteboard, j'ai demandé au nouveau Bing.

Microsoft annonce déployer l'IA d'OpenAI dans Whiteboard : Whiteboard a donc son Copilot, sur le même tronc commun de fonctionnalité que les versions Copilot de PowerPoint, Word et OneNote !

- Copilot dans Whiteboard a pour fonction d'assister ses utilisateurs dans leur séance de tableau blanc. Discuter en langage naturel avec Copilot permettra au groupe de générer des idées puis de les organiser en thèmes.
- Copilot a aussi pour but de créer des présentations visuelles qui donnent vie à ces idées et d'en synthétiser le contenu.

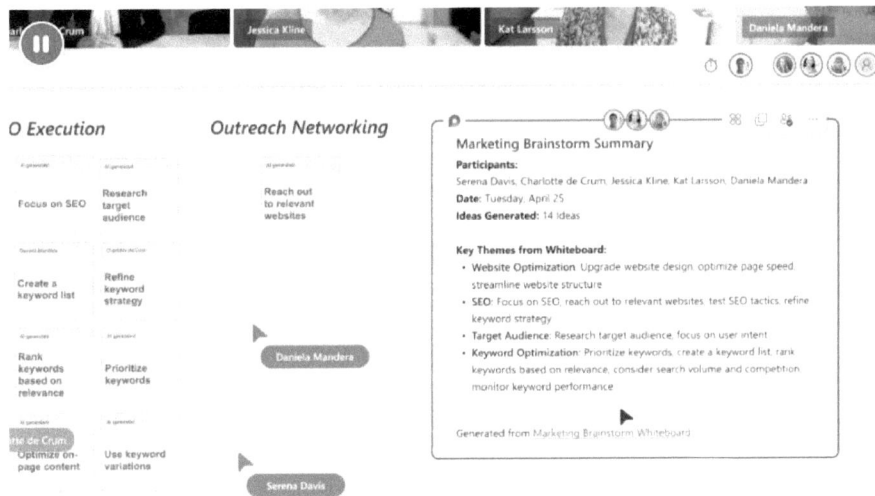

Pour ce qui concerne la génération d'image à proprement parler, Copilot pour Whiteboard ne devrait pas bénéficier des services de DALL-E (du moins pour ce qui est annoncé ce printemps 2023, cela reste la fonction de https://Designer.microsoft.com et de PowerPoint).

Par contre, on peut insérer des composants Loop dans Whiteboard ; voyons donc Loop qui possède également son Copilot !

Copilot dans Microsoft Loop

Vous ne connaissez pas Microsoft Loop ? Voici la présentation du nouveau Bing.

Loop est un logiciel collaboratif qui permet de créer des éléments de différents types que l'on peut ensuite insérer dans des emplacements de communication comme une conversation Microsoft Teams, un e-mail Outlook, un document Word, un élément de WhiteBoard...

Composants Loop

Envoyez un composant que tous les membres de la conversation peuvent modifier en ligne.

- Liste à puces
- Liste de contrôle
- Liste numérotée
- Paragraphe
- Table
- Copier la table de vote
- Liste des tâches

Pour approfondir le fonctionnement de Microsoft Loop, nous nous sommes permis de demander au nouveau Bing d'en préciser les fonctionnalités.

À quoi va servir Copilot pour Loop ? Au fur et à mesure que les pages Microsoft Loop se remplissent d'idées et de contenu, vous pouvez demander à Copilot pour Loop de résumer le travail de l'équipe, amendé par vos commentaires ou un contexte supplémentaires :

• Créer une liste de points forts sur base d'un prompt, comme dans l'image ci-dessous ;

• Modifier un résumé en mentionnant des membres de l'équipe pour attirer leur attention sur les éléments les plus importants *via* Microsoft Teams ou Outlook ;

• Envoyer un composant Microsoft Loop à un nouveau membre de l'équipe dans Microsoft Teams ou Outlook pour l'embarquer sur un projet.

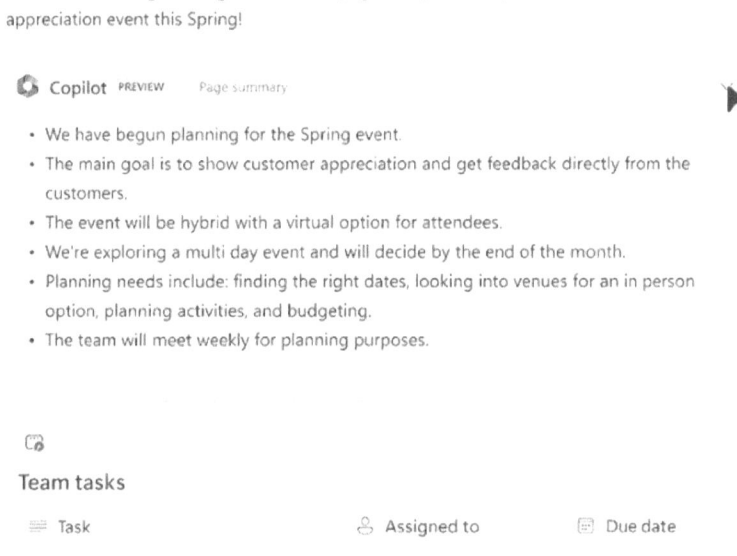

Copilot dans SharePoint

SharePoint (2001) est le premier outil collaboratif de Microsoft.

C'est un outil web puissant, adossé à des bases de données SQL qui possède de multiples facettes : d'abord, outil de gestion et d'archivage documentaire, il s'est enrichi avec le temps pour devenir une plateforme collaborative, une solution d'intranet et ses listes connaissent une nouvelle jeunesse, comme sources de données d'applications métier indépendantes ou liées à Power Apps.

Comme son adoption n'a pas toujours été facile pour ses utilisateurs :

1. Pour sa facette "plateforme collaborative", Microsoft a adossé SharePoint à Microsoft Teams ;
2. Pour sa facette "site intranet", Microsoft a simplifié la création des contenus web grâce à la Modern Experience ;
3. Pour sa facette "gestion documentaire", Microsoft a enrichi SharePoint avec les approches Syntex et Cortex (Viva Topics, sur lequel nous allons revenir dans le prochain paragraphe) ;
4. Pour sa facette "table de données", Microsoft ne cesse d'enrichir les fonctionnalités des listes SharePoint, qui sont mises en avant en tant qu'onglet Teams, application smartphone ou source de données pour Power Apps (nous traitons de Power Apps plus loin dans le livre).

L'arrivée de Copilot pour SharePoint fin 2023 va aider ses utilisateurs pour leur contribution dans l'intranet : comme pour le nouveau Bing ou Word, Copilot dans SharePoint aide son utilisateur à adapter le ton ou le contenu d'un texte inséré dans un webpart d'une page SharePoint.

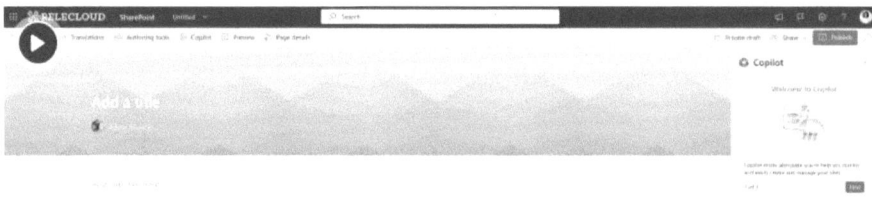

Ensuite, en tant que partenaire de conception, Copilot dans SharePoint va pouvoir interpréter un document Word ou une présentation PowerPoint pour les transformer en site et en page(s), avec l'insertion des webparts pertinents. Copilot pour SharePoint permettra donc à ses propriétaires de créer un site à partir de prompts ou de documents, pour remplacer l'actuel volet de proposition de personnalisation du modèle de conception qui apparaît au moment de la création ou lorsque l'on clique sur la roue des paramètres SharePoint, puis sur Appliquer un modèle de site.

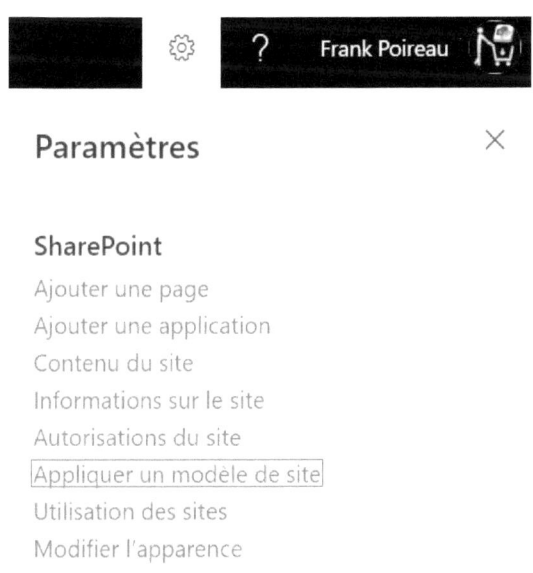

L'arrivée de Copilot pour SharePoint coïncide avec l'arrivée d'une nouvelle apparence esthétique qui converge vers Microsoft Viva, avec des nouvelles pages et des nouveaux modèles de site : au moment de la création du site, Copilot pour SharePoint attendra en langage naturel la description du site ou d'une page pour vous assister dans la conception sur base d'un prompt de type "je veux faire une page qui fait cela"…

Ces nouveautés s'ajoutent à la mise en place d'un "centre de la marque" (Brand Center), l'arrivée de la fonctionnalité de coédition simultanée de pages et un vrai éditeur d'images.

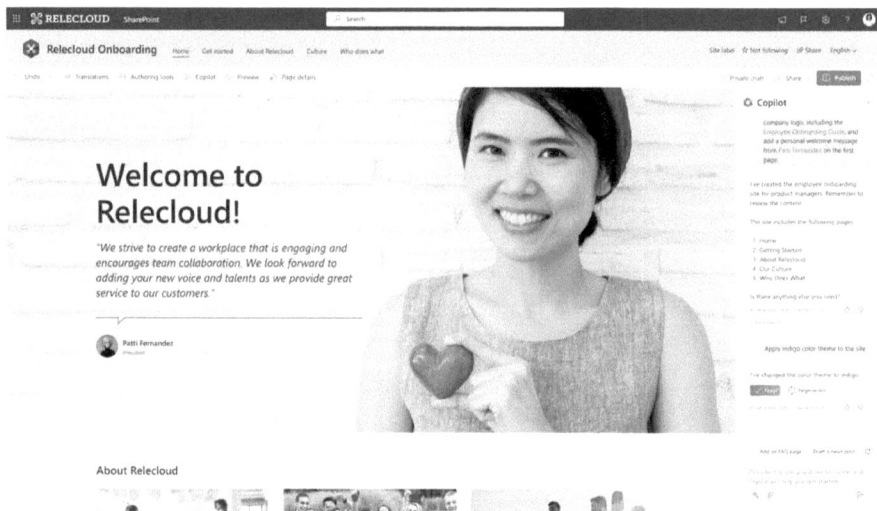

« L'IA arrivera à la fin de l'année 2023 ; en attendant, je rappelle un passage du chapitre sur le nouveau Bing que vous pouvez déjà augmenter votre productivité dans la création de vos textes de pages SharePoint en utilisant le nouveau Bing ! En effet, en cliquant sur l'onglet Compose du nouveau Bing, vous pouvez demander la génération de texte et l'intégrer directement dans un WebPart texte d'une page SharePoint en cours d'édition. »

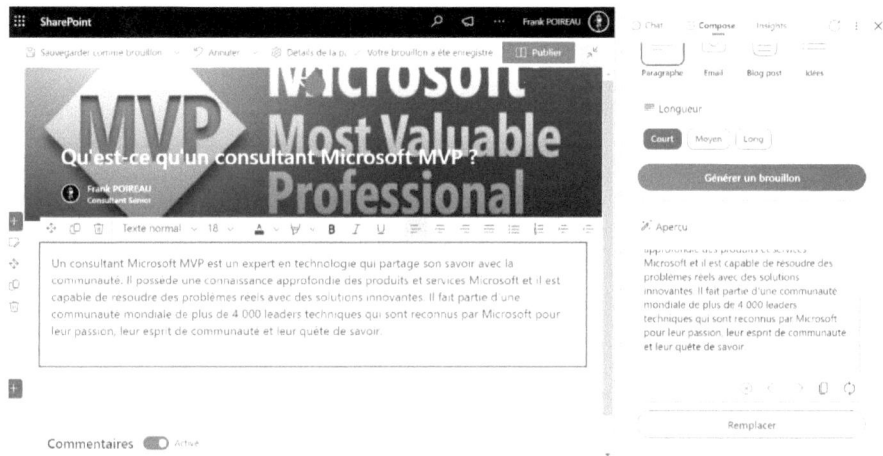

L'arrivée de Copilot pour SharePoint va également assister les utilisateurs de SharePoint Syntex.

Nous avons demandé au nouveau Bing de présenter SharePoint Syntex.

Nous complètons la réponse de Bing :

- SharePoint Syntex est basé sur un modèle de site dédié au traitement documentaire.

- Le traitement documentaire dans ce site permet d'exécuter de la Lecture Automatique de Document (opération d'extraction textuelle à partir de fichiers scannés en tant qu'image) et de Reconnaissance Automatique de Document (opération d'extraction textuelle structurée sur base de "masques de formulaire") ; ces traitements sont payants, à travers des crédits AI Builder (Azure).

Il y a un site Microsoft spécialement dédié à cette extension de SharePoint : https://adoption.microsoft.com/fr-fr/syntex/start/

SharePoint Syntex va bénéficier de l'arrivée de Copilot pour aider les utilisateurs à classifier les informations qui ont été extraites dans des "colonnes de données SharePoint".

Dans l'exemple ci-dessous, on découvre Copilot pour SharePoint Syntex au service de traitements additionnels pour sécuriser l'information. L'idée est que Copilot pour SharePoint Syntex classe automatiquement les documents à partir des métadonnées extraites. À partir des informations extraites ou mises en base de données par ailleurs (dans des colonnes SharePoint ou accessibles *via* des plug-ins), Copilot pour SharePoint Syntex sera en capacité d'assembler un nouveau document, en respectant nos propres modèles de documents structurés ou imposés par un tiers (par exemple, un accord juridique ou une réponse à un appel d'offres).

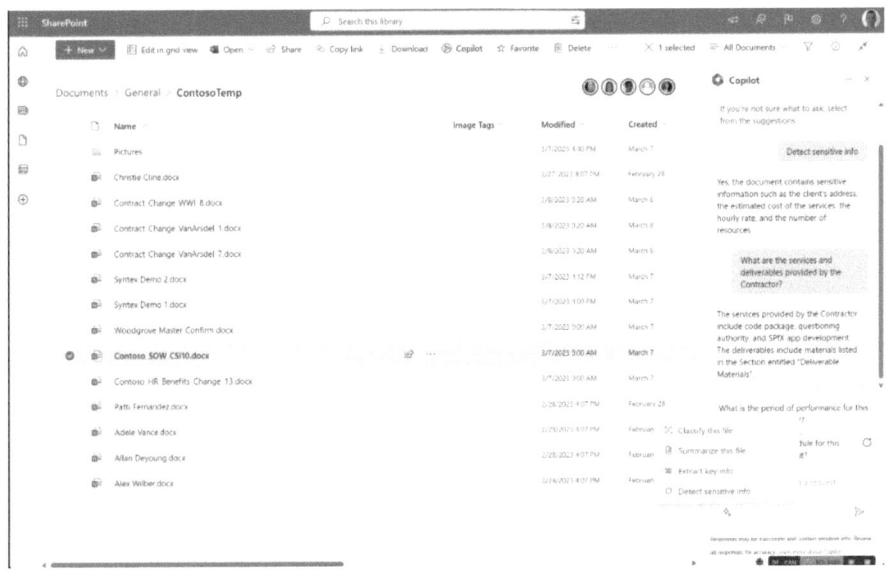

Comme nous nous rapprochons des données et des règles Métier, découvrons maintenant ce que Copilot va apporter à Viva.

Copilot pour Viva

Microsoft Viva s'enrichit également de l'assistant Copilot.

Si vous ne connaissez pas bien Viva, c'est peut-être dû au fait que Viva est multiple.

Viva est un ensemble d'applications Teams parfois gratuites parfois payantes.

Alors nous avons demandé à l'IA de nous aider.

Comme la réponse ne nous a pas satisfait, nous nous sommes permis de tester le "Machine Learning" pour améliorer les réponses. Nous nous sommes alors permis de nommer les différentes applications Viva composant la suite Microsoft Viva.

Comme la requête a été trop fortement réduite, le contenu présent dans tableau est toujours insatisfaisant.

Nous savons seulement que Viva Connections est gratuit : Viva Connection sert à publier son intranet de communication SharePoint dans Teams

Pour savoir ce qu'il en est concernant les autres applications, nous nous lançons alors dans des questions plus précises concernant chaque application Viva.

Viva Sales (2023) est payant et est la plus chère : la raison est que Viva Sales une application à destination des commerciaux pour leur faciliter la création d'e-mails Outlook ou de conversations Microsoft Teams à partir de données contenues dans la CRM Dynamics 365 ou Salesforce.

Viva Goals (2023) est payant : évoquée précédemment dans la liste des outils de gestion de tâches de Microsoft 365, Viva Goals est bien un outil de gestion de tâches mais qui possède la particularité d'être déclinée en outil de management par objectif. Microsoft Viva Goals est une solution d'alignement des objectifs qui connecte les managers et leur équipe aux priorités stratégiques de votre organisation, les unit autour de leur mission et de leur objectif de manière à générer les résultats attendus.

Viva Engage (2023) est gratuit : Viva Engage est une application Microsoft Teams qui permet de connecter tous les membres de votre organisation à des communautés et des conversations Yammer. Avec Viva Engage, le collaborateur est immergé dans un espace collaboratif de type participatif.

Les échanges ne sont pas centrés sur une équipe ou un projet comme dans SharePoint ou dans Teams et au contraire, les communautés doivent offrir de la transversalité, évitant de reproduire la structure organisationnelle ou en projet d'une entreprise. Chaque utilisateur peut ainsi créer et rejoindre des communautés ouvertes ou fermées, construites autour de centres d'intérêt dont les tenants et aboutissants sont souvent mal compris des organisations : les communautés utiles à une organisations sont celles qui matérialisent de façon digitale des espaces de veille et de discussions, des espaces de partage d'expertise, d'entraide et par conséquent d'altruisme.

Viva Insights (2021) est gratuit mais il existe une version Premium payante : Viva Insights est une application qui permet à chacun de suivre ses données personnelles relatives à son activité dans Microsoft 365 (Office Graph) et de recevoir des recommandations personnalisées pour aider à optimiser ses temps de travail, à protéger son temps de concentration individuel des nombreux facteurs d'interruption qui se présentent tout au long de la journée.

Vous pouvez également obtenir une visibilité sur les activités sur le lieu de travail, les comportements de communication et les modèles de collaboration afin de rationaliser la prise de décision et d'améliorer les performances de l'entreprise.

Viva Learning (2021) est gratuite mais il existe une version Premium payante : Viva Learning est un portail de formation interne à votre organisation, qui peut bénéficier de contenus de formation internes (site SharePoint de votre Tenant) ou externes (les sites de formation Microsoft Learning Path et LinkedIn sont gratuits, les abonnements à des services de contenu tiers sont payants). L'utilisateur possède une expérience de "User Centric", au travers de laquelle il construit son parcours de formation, suit ses avancements.

Viva Learning connaît en 2023 quelques nouveautés avec la gestion de regroupement des ressources d'apprentissage en « académie », sélectionnées par des responsables de formation, pour des pages d'accueil ciblées par types d'utilisateurs. Techniquement parlant, Viva Learning possède propose en 2023 davantage de fournisseurs d'apprentissage et donc de contenus d'apprentissage.

Les nouveautés annoncées pour la mi-2023 sont la mise en place de nouvelles API pour des connexions externes (pour les développeurs) et l'accès à Viva Learning directement *via* le web.

Viva Topics (2021) est payant : Viva Topics est la version émergée d'un projet SharePoint appelé Project Cortex. Rappelons l'objectif de ce projet : recourir à l'IA et à Microsoft Graph pour organiser le classement et le taggage automatique/assisté des contenus Office ou produits par d'autres applications Cloud. Le but est d'organiser les sujets de référence depuis un site SharePoint "Centre de la connaissance" et d'offrir les accès à la connaissance aux utilisateurs dans Teams sous forme d'onglet et d'un Chatbot !

Maintenant, nous nous sommes alors permis de capitaliser sur les informations rassemblées dans la conversation pour demander à l'IA de me produire enfin un tableau séparant les applications payantes des gratuites et le résultat est là !

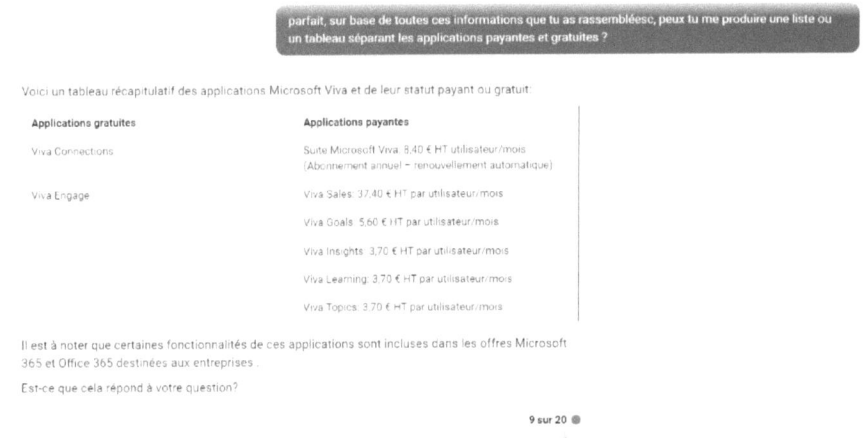

Sans compter l'arrivée prochaine d'un Viva Amplify, qui bénéficiera aussi d'un Copilot très puissant au service de la communication interne.

Très peu d'informations sont publiques au moment où nous bouclons ce livre alors nous vous invitons à suivre ce qui sera publié à cette adresse : Formatting changes for Microsoft Viva Amplify - Private preview (voir dans les références en fin du livre l'url[x])

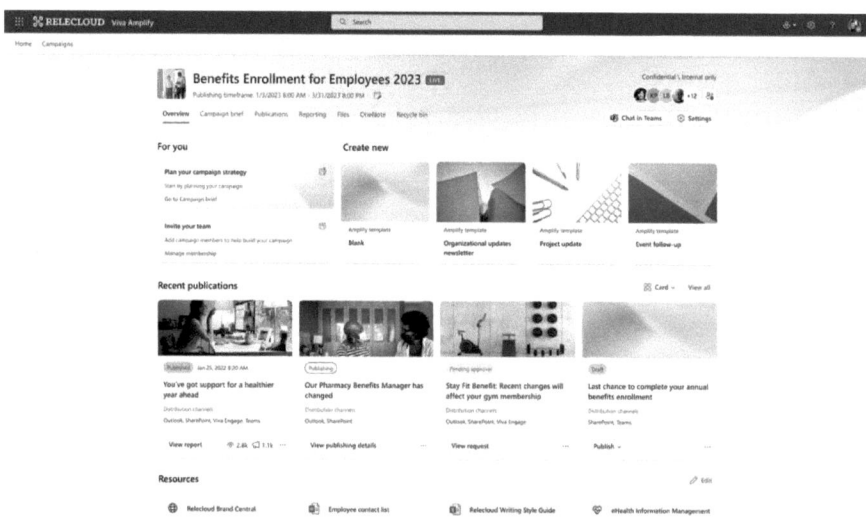

Nous nous sommes quand même permis de poser cette dernière question au nouveau Bing.

> peux tu l'ajouter au tableau des applications viva gratuites / payantes ?

Je suis désolé mais je ne peux pas ajouter Viva Amplify au tableau des applications Viva gratuites/payantes car je n'ai pas trouvé d'informations sur son statut payant ou gratuit dans mes recherches. Viva Amplify est actuellement en version d'aperçu privé et n'est donc disponible que pour les clients en aperçu privé.

Est-ce que cela répond à votre question ?

15 sur 20

Cette conversation a fini par prendre la tournure d'un raisonnement, qu'en pensez-vous ?

Dans cette conversation, on peut se rendre compte que l'IA ne perd pas le fil de la conversation et est capable de modifier et d'enrichir sa réponse. Sans évoquer l'idée même d'une conscience, cette démonstration peut commencer à vous faire douter si vous vous remémorez la seule idée que le moteur de l'IA est de construire ses phrases sur base de probabilités, en capitalisant sur ce qui a déjà été écrit. Ce qui reste à découvrir, c'est la puissance dont va bénéficier l'IA en termes de Machine Learning et de savoir si l'IA peut finalement se corriger pour donner directement la bonne réponse lorsque quelqu'un d'autre posera la même question.

Quels sont les déclencheurs qui poussent le "machine learning" de l'IA a validé la démonstration de manière à l'intégrer directement dans ces futures réponses ? Voilà un sujet de gouvernance que devra intégrer Microsoft *et les organisations qui utilisent l'IA...*

Voyons maintenant ce que Copilot va apporter à Microsoft Viva.

Copilots pour Viva !

Sans surprise, Viva va également bénéficier de l'IA mais, compte tenu de la diversité des applications regroupées sous la bannière de la suite Viva, elles ne bénéficieront pas toutes de la même richesse fonctionnelle de l'assistant Copilot (voire certaines pourraient ne pas être concernées comme Viva Connexion par exemple mais nous nous trompons peut-être) et il vaut mieux par conséquent parler de plusieurs versions de Copilot pour Viva, déclinées en fonction de l'application Viva concernée !

Ce qui est d'ores et déjà annoncé, c'est que Copilot pour Viva arrive en 2023 dans les applications suivantes :

- Viva Engage aura son Copilot pour Viva Engage, connecté à Yammer ;
- Viva Topics aura son Copilot pour Viva Topics, connecté à SharePoint ;
- Viva Goals aura son Copilot pour Viva Goals, connecté à une toute nouvelle application de gestion de tâches, déclinées en gestion d'objectifs ;
- Viva Sales possèdera un voire deux Copilots pour Viva Sales, connecté à votre CRM Dynamics ou Salesforce.

Copilot pour Viva Engage

L'utilisation de Copilot pour Viva Engage se rapproche de Viva pour SharePoint.

En effet, un membre de communauté pourra faire appel à Copilot pour Viva Engage pour l'assister dans la rédaction d'un billet de communautés :

- Dans la création d'un brouillon à partir d'un prompt
- Dans la création d'un brouillon à partir d'un ou plusieurs documents
- Dans l'amélioration du style de rédaction ou de l'organisation de ces idées

Copilot va également permettre de suivre et d'analyser les statistiques d'engagement et la qualité de l'expérience ressentie par les collaborateurs.

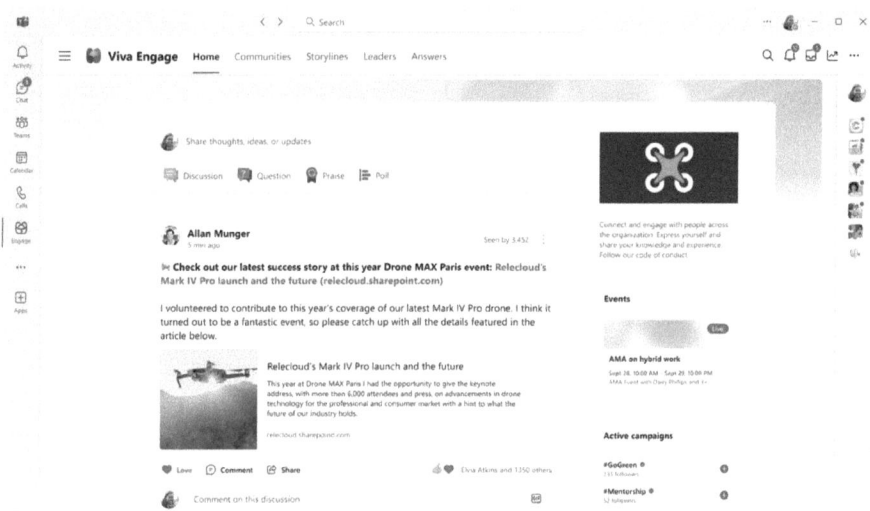

Copilot pour Viva Goals

Copilot pour Viva Goals est l'assistant du manager dans l'établissement des objectifs.

Ce n'est pas la première fois que l'on entrevoit que Copilot est un organisateur de contenu et pour Viva Goals, le contenu semble clairement structuré alors que idées, suggestions, conversations, transcriptions de réunions semblent l'être beaucoup moins. Cependant, comme nous l'avons indiqué précédemment, Viva Goals avec une application de gestion d'objectifs, déclinée d'une gestion de tâches à la Planner. Viva Goals peut être guidé par des prompts ou peut recevoir des éléments entrants comme une présentation PowerPoint, un document Word ou PDF... pour produire le plan d'objectifs de Viva Goals.

La particularité de cette application est qu'elle permet de gérer des objectifs, lesquels doivent être "a priori réalisables " (certains managers penseraient peut-être différemment de moi ?). Par conséquent, Copilot pour Viva Goals sait gérer le temps et l'adéquation des ressources pour éviter de proposer au Manager des propositions d'objectifs non réalisables...

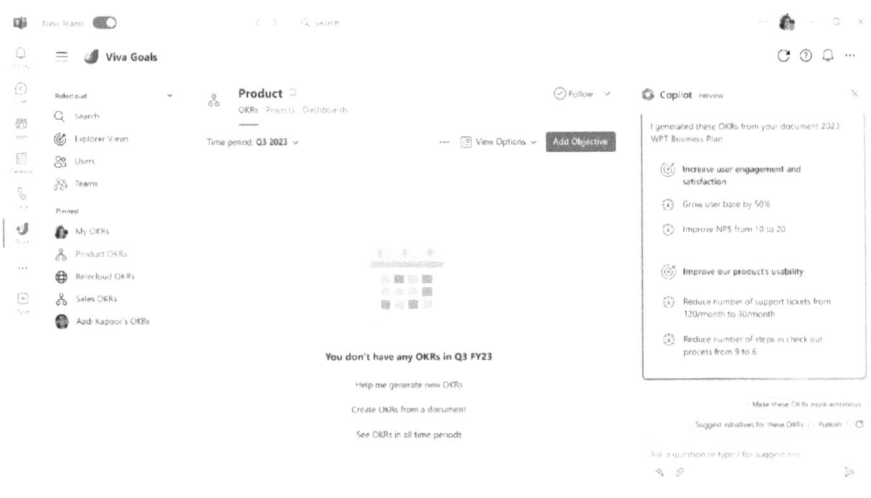

Copilot pour Viva learning

L'assistant Copilot pour Microsoft Viva Learning a vocation à être le conseiller personnel de tout utilisateur pour proposer des ressources pédagogiques et créer des parcours d'apprentissage personnalisé pertinents, et, tout comme Copilot pour Viva Goals, la gestion du temps pour les formations assignées.

En tant qu'utilisateur, vous pouvez écrire des prompts de type :

• Aide-moi à mettre en place un management de mon équipe plus participatif et responsable ;

• Trouve-moi un cursus d'apprentissage relatif au fonctionnement de l'IA ;

• Réserve-moi du temps dans mon agenda pour cette nouvelle formation de 5 jours durant l'été.

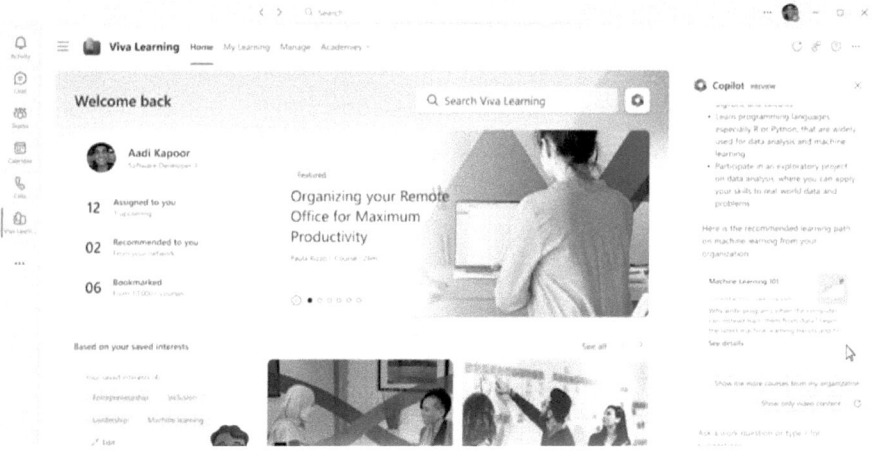

Copilot pour Viva Sales

La première application Viva à bénéficier de Copilot est Viva Sales. Pour s'imaginer rapidement Copilot pour Viva Sales, on peut se le représenter comme une extension de Copilot pour Outlook (pour les échanges par e-mail) et Copilot pour Teams (pour les échanges conversationnels) puisque l'application Viva Sales possède une intégration pour Dynamics 365 et Salesforce pour lui permettre de gérer les relations clients.

Notez maintenant que j'ai choisi de vous présenter une version plus élaborée de Copilot pour Viva Sales qui va utiliser l'IA pour dépasser la fonction de suivi commercial. Microsoft présente SalesRep Copilot, une version de Copilot for Viva Sales toujours connectée au CRM spécialement développée à partir de ChatGPT4 et entraînée pendant plus de six mois opérant non seulement à partir de milliers de conversations et d'e-mails à connotation commerciale, mais également de propositions commerciales spécialisées sur un corpus Technologies de l'information.

Cette version de Copilot pour Viva Sales serait en mesure de préparer les offres des clients, de réaliser des propositions commerciales cohérentes (se basant sur les offres réalisées pour d'autres clients, tant d'un point de vue couverture fonctionnelle qu'au niveau tarification) en étant aussi fiable voire plus et surtout évidemment plus rapide que vous ne l'auriez fait si vous aviez été un commercial sans IA.

« Personnellement, j'ai moi-même occupé des fonctions commerciales et je me souviens des heures très tardives auxquelles j'ai dû finir certaines réponses à appel d'offres. J'aurai aimé avoir un assistant qui me rassemble les données auprès des différents sachants et me prépare la première version de mes documents ; je n'aurais alors plus qu'à relire, corriger et valider la proposition.

Je ne vois pas dans cette version de l'IA un risque pour l'activité commerciale pour deux raisons :

- Je doute qu'un responsable d'entreprise ne fasse aveuglément confiance à une IA sans contrôle ;
- Si l'IA permet de préparer une offre plus rapidement, le commercial sera alors en mesure d'en produire plus...

Moi qui suis plutôt d'un naturel optimiste et qui vois dans la transformation davantage une opportunité qu'un risque, je perçois cette version de Copilot comme étant clairement au rendez-vous de l'objectif ultime de Microsoft : rendre les organisations plus efficaces. » indique Frank POIREAU.

VIII. La conception de solutions : de Power Platform à AZURE AI en passant par les outils de développeur (Github et Visual Studio)

La Power Platform

Avant de traiter des outils de développements, nous devons vous présenter l'arrivée de l'IA dans les outils Power Platform : Power BI, le plus ancien (2015), Power Automate (qui s'est longtemps appelé Flow), Power Apps (pour créer des applications en mode smartphone ou tablette), Power Virtual Agents (le moins connu, pour créer des chatbots sans IA), Power Pages (le petit dernier, pour créer des sites internet ou extranet).

Ces outils sont à destination d'une certaine catégorie d'utilisateurs qui utilisent les fonctionnalités avancées des logiciels. Appelés Citizen Developers aux Etats-Unis, il nous plaît de les appeler Power Users lorsque nous parlons d'eux par rapport aux outils Microsoft 365, car la Power Platform est aussi bien faite pour eux que pour les IT Pro.

En effet, Microsoft aime les Power Users et cela ne date pas de la Power Platform :

- Un propriétaire de site SharePoint qui adapte un site ou une application de liste et de bibliothèque (paramètre ou structure de données) est un Power User ;
- Un concepteur de solution Access qui crée des tables et crée des formulaires est un Power User ;

- Un utilisateur qui crée une application Excel en ajoutant des macros et qui sécurise les onglets comme des formulaires est un Power User.

La différence entre les Power Users et les IT pro se résume essentiellement à leur capacité à créer des solutions avec ou sans ajout de code. Nous résumerons que l'objectif de l'arrivée de l'IA dans ces outils consiste à abaisser le niveau de complexité à ajouter du code, donc de faire passer du Low Code pour du No Code, grâce à Copilot.

Comme rien n'a encore été annoncé concernant l'intégration avec Copilot, j'ai choisi de ne parler dans ce chapitre ni de SharePoint (Copilot n'a pas encore de fonctionnalité de conception de liste) et ni d'Access (n'existe qu'en version "on-premise"). En revanche, nous allons parler d'Excel puis parler des outils de la Power Platform.

Excel

L'arrivée de l'IA dans Excel passe par Copilot, comme le reste de la suite Office traditionnelle.

Mais Excel n'est pas un outil comme Word ou PowerPoint dans le sens où Microsoft a depuis 2007 repositionné Excel comme outil de BI : avant Power BI, Microsoft s'est longtemps appuyé sur Excel comme clé de la démocratisation de la BI.

Depuis 2007, de nombreuses fonctionnalités ont fait progressivement leur apparition dans les versions successives d'Excel pour transformer les données vers des modèles "causes à effets" et restituer l'information sous forme de rapports ou d'analyses croisées à la demande. Microsoft Excel s'est ainsi enrichie depuis de nombreuses années pour sa facette BI et non pas pour sa facette tableur de données, outil de saisie de formulaire...

Excel a ainsi été utilisé pour mettre le « Data mining » à la portée des utilisateurs bureautiques :

La mise en forme conditionnelle, l'analyse prédictive (Forecast, analyse de tendances, analyse du panier moyen, graphes d'associations) sont des fonctionnalités tirées des logiciels issus de l'univers de SQL Server comme Analysis Services, Reporting Services, Report Builder, Proclarity...

Les dernières nouveautés concernant Excel incorporent de l'IA avec la proposition d'idées circonstanciées, l'identification de modèles et de valeurs dans des jeux de données, l'insertion de données à partir d'images, Tableaux dynamiques

Voir en fin de ce livre les références de cette url[xi] : Incorporation de l'intelligence artificielle dans Excel – 4 nouvelles fonctionnalités annoncées ce jour à la conférence Ignite.

J'ai posé une question au nouveau Bing concernant Excel et l'IA et la réponse a été la suivante :

rien sur Excel et copilot ?

Je n'ai pas trouvé d'informations spécifiques sur l'intégration de Copilot avec Excel dans mes recherches. Cependant, Excel a incorporé l'intelligence artificielle pour améliorer ses fonctionnalités et rendre le travail plus facile pour les utilisateurs .

4 sur 20

L'avantage de l'IA pour Excel serait de disposer d'un assistant pour analyser et explorer les données pas seulement sur des formules : révéler des corrélations, proposer des scénarios de simulation, suggérer de nouvelles formules, générer des modèles en fonction de questions en langage naturel, pour explorer les données pour prendre de meilleures décisions basées sur la donnée. On ne peut pas imaginer que ne sorte pas prochainement une version Copilot pour Excel.

J'ai donc posé la question suivante.

Comme vous allez le découvrir, Excel peut déjà bénéficier de l'IA d'OpenAI mais l'usage de Copilot va démultiplier l'usage de l'IA dans Excel que nous vous présentons ci-dessous.

À ce jour, si vous ne pouvez pas encore testé Copilot pour Excel, il est néanmoins possible d'intégrer ChatGPT dans Excel grâce à l'interface de programmation d'application (API) d'OpenAI. L'API OpenAI permet à un développeur de créer un programme qui accède aux capacités d'IA de ChatGPT, en utilisant le langage de programmation tel que Python, de créer une fonction personnalisée dans Excel.

Plusieurs éditeurs ont ainsi mis à disposition dans le magasin d'application Microsoft des compléments ChatGPT pour Excel, que l'on télécharge directement depuis son volet Insérer - Compléments.

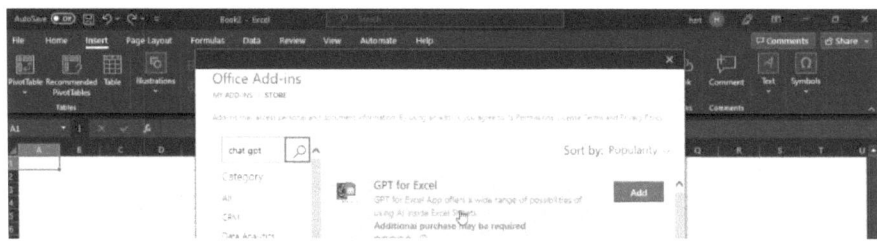

Ces plugins permettent de poser des questions à ChatGPT en utilisant des formules spécifiques ; dans l'exemple ci-dessous, comment utiliser le complément GPT pour Excel :

=GPT.TEXT(« question ») renvoie une réponse textuelle à la question posée, =GPT.HTML(« question ») pour une mise en forme de manière plus élaborée.

Vous pourrez alors déjà utiliser l'IA ChatGPT d'OpenAI avant l'arrivée de Copilot qui reprendra certainement la richesse fonctionnelle atteinte au travers de l'API OpenAI :

- Analyser les données
- Réaliser des formules et des mises en forme complexes
- Créer et générer des rapports automatisés
- Créer des macros

Copilot pour Excel dépassera cet add-in puisque la puissance d'Office Graph lui permettra de prendre en compte votre contexte Microsoft 365 et ne s'arrêtera pas à votre fichier.

Voici un premier écran dévoilé par Microsoft au moment de la conférence Build 2023.

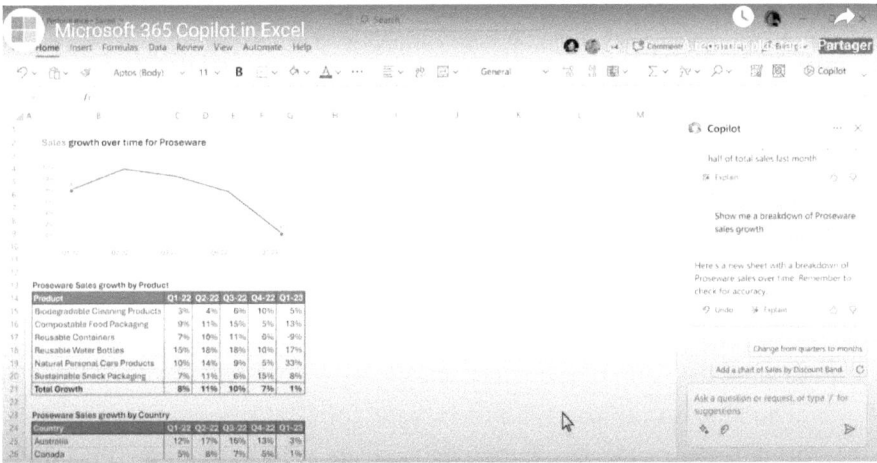

Analyser les données avec l'IA

Comme vous avez pu le découvrir avec Viva Goals et sa gestion d'objectifs, l'IA possèdera ainsi la capacité d'analyser des données en utilisant des prompts de ce type :

- Quel est le chiffre d'affaires réalisé depuis le début de l'année ?
- Quels sont les résultats sur les 4 dernières semaines ?
- Quels sont les éléments en net progrès et ceux qui ne progressent pas ? Donne une ventilation des ventes par type et par canal. Insère un tableau.
- Projette l'impact d'une hausse de l'inflation de 6% et génère un graphique.
- Modélise l'impact d'une baisse du taux de croissance de 2% sur ma marge brute.

L'IA dans Excel a vocation à devenir votre assistant pour :

- Réduire le temps d'analyse, en générant automatiquement des données synthétisées ou en fournissant des résultats plus précis et plus pertinents ;
- Améliorer la qualité des analyses de données ;
- Prédire des tendances ou générer des recommandations, grâce au moteur de Mining.

Créer et générer des rapports automatisés

La génération de rapports est une tâche importante mais cela peut prendre beaucoup de temps et d'efforts, sans compter que tout risque d'erreur est préjudiciable dans le pilotage de l'activité. L'IA peut donc être utilisée pour créer des modèles de rapport personnalisés et dont la mise à jour des données est automatique.

Il suffit d'utiliser un rapport dans lequel vous devez prévoir des cellules alimentées automatiquement par la connexion de données. Une fois que le rapport est créé, l'IA complétera les cellules réservées en utilisant des requêtes de langage naturel, comme simple formule à destination de l'IA.

Par exemple, vous pouvez écrire la fonction par une simple question comme « générer un rapport XXX pour telle période et tel secteur » et l'IA remplira automatiquement les espaces réservés dans le modèle de rapport avec les données de la période et du secteur demandés !

L'IA, votre alliée pour vos formules complexes

L'intelligence artificielle aura aussi vocation à permettre de construire et de sécuriser la génération des formules Excel les plus complexes. On retrouve ici une des missions de l'IA telle que l'imagine Microsoft : accompagner les utilisateurs dans leur apprentissage des fonctionnalités avancées de ses logiciels.

On peut déjà prendre la mesure de la puissance de l'IA qui accède aux dizaines de milliers de pages Web mises en ligne pour se former, en demandant clairement ce que vous cherchez à obtenir.

Créer des macros

Dans la continuité de l'adoption des formules complexes, l'IA peut également vous assister dans la réalisation d'une macro, l'enregistrement d'un séquencement d'opérations de traitement en un programme automatique, que l'on peut déclencher manuellement, automatiquement ou de façon programmée.

La macro une fois paramétrée peut ensuite être exécutée, par l'utilisateur, au travers d'un prompt en langage naturel.

Enfin, une des dernières façons que vous utiliserez l'IA dans Excel est la création de macro, encore que les macros n'ont plus vraiment le vent en poupe sur Microsoft 365 en raison du risque de faille de sécurité qu'elles seraient susceptibles de provoquer.

Pour cette raison, il est recommandé d'utiliser Power BI (pour la facette BI d'Excel) et Power Apps (pour la facette application d'Excel).

Voyons donc comment se traduit l'arrivée de l'IA dans Power BI.

Copilot pour Power BI

Contrairement à Excel, Power BI va quant à lui bénéficier d'un Copilot qui tourne à "plein régime".

Comme vous pouvez le lire, Copilot pour Power BI aide à analyser les données que l'on vous a préparées. Il existait déjà une fonctionnalité Power BI pour desktop, présentée en 2016, qui ressemblait à de la requête en langage naturel : l'élément IA de type « Questions et réponses ». La fonctionnalité de « Questions et réponses » correspondait à un type de "Visuels IA", présent sur le ruban « Insérer » de Power BI Desktop. Cette fonctionnalité permettait de réaliser un traitement de filtrage au moyen d'une commande dans un champ « Texte » qui donnait à l'utilisateur l'impression de poser des questions à un chatbot (uniquement en langue anglaise). Power Bi donnait une réponse en insérant un visuel de type tableau ou graphique.

Avec Copilot pour Power BI, vous allez pouvoir demander d'analyser les données présentées dans un tableau de bord, directement en français.

Surtout, vous allez pouvoir lui en demander beaucoup plus.

Par exemple, vous allez pouvoir demander à Power BI de construire un tableau de bord ou un rapport qui n'existe pas encore. Comme Copilot connaît votre profil Office Graph en plus de vos données, il sera en mesure de vous proposer un contenu des plus pertinents, à partir de votre prompt en langage naturel, et évidemment, plus vous serez précis au moment de l'écriture du prompt, plus vite, vous obtiendrez le résultat attendu. Si vous ne savez pas au démarrage ce que vous recherchez de façon précise, la conversation avec Copilot pour Power BI vous permettra d'affiner votre solution de Reporting. Par exemple, vous pouvez changer la mise en page en fonction d'un type d'utilisateur donné : les commerciaux de telle région, les contrôleurs de gestion, la direction générale, etc.

L'IA s'occupe de tout : construire la structure de la page, en ajoutant un ou plusieurs éléments visuels de type graphiques ou tableaux et des visuels filtres s'il le faut. Copilot pour Power BI ira même jusqu'à appliquer la charte graphique du tableau de bord dans lequel on insère le nouveau rapport.

Si vous souhaitez ajouter un élément de type zone de texte, vous pouvez le faire directement ou demander à Copilot de le faire sur base d'un prompt : évidemment, puisque l'IA vous assiste dans l'analyse des données, vous pouvez lui demander de rédiger et de publier le texte d'analyse directement dans la zone de texte insérée, en faisant un rappel de quel graphique-source, l'analyse est extraite.

Ce ne sont plus des heures, voire des jours de travail, qui sont nécessaires pour produire de nouvelles informations de Reporting mais une discussion de quelques minutes. La promesse de "donner les clés" au Power User se trouve désormais tenue car l'IA permet, pour ainsi dire, de faire reculer la nécessité de savoir développer en DAX, en M, en R ou en Python pour améliorer ses outils de pilotage.

Dans ce cas, que vont devenir les professionnels de la donnée ? Microsoft Fabric va devenir leur outil de travail principal. Voyons ce que le nouveau Bing sait déjà de cette nouveauté.

Présentée à la conférence Build en mai 2023, Microsoft Fabric est une plateforme à partir de laquelle il sera très facile de réaliser :

- Des intégrations *via* des interfaces graphiques entre Power BI, Azure Data Factory et Azure Synapse Analytics,
- Des opérations de modélisation et de transformation de la donnée,
- Des opérations d'analyse et de rapprochement de données au service de la pertinence,
- Des opérations pour fiabiliser la gouvernance de la donnée.

Microsoft Fabric sera animée par sa propre version de Copilot : https://www.microsoft.com/fr-fr/microsoft-fabric

Nous vous proposons maintenant de quitter le monde de la Data pour examiner l'impact de Copilot sur Power Automate puis sur Power Apps et Power Pages et enfin sur Power Virtual Agents avant d'évoquer les outils de développeur, à proprement parler.

Copilot pour Power Automate

Power Automate s'est appelé Flow jusqu' à ce qu'il rejoigne Power Apps sur la Power Platform.

Comme ces différentes appellations le suggèrent, Power Automate est l'outil qui permet de créer des flux automatiques, à déclenchement automatisé, instantané ou planifié.

Apparu en 2016, Flow avait l'ambition de démocratiser l'usage du flux de travail, longtemps réservé aux développeurs et à SharePoint Designer.

Depuis ses débuts, Power Automate bénéficie d'un cadre de connecteurs incroyablement fourni (il y en avait déjà plus de 300 en 2020, on approche du millier en 2023) et d'une galerie de modèles de flux prêts à l'emploi, alimentée par Microsoft et ses communautés.

Power Automate est resté, malgré cela, réservé aux IT pro et à une poignée de Power Users formés le plus souvent dans le dos des DSI (les DSI ne proposent pas toutes un accompagnement des Power Users et ne démontrent pas forcément une grande maîtrise dans leur gestion de leurs licences).

L'interface de conception de flux est longtemps restée dans les grandes largeurs toujours la même depuis ses débuts en 2016 et souffrait de la modernité de l'interface de conception de Power Virtuals Agents.

Il a fallu attendre l'arrivée de Power Apps en 2018 pour démultiplier, au sein de Microsoft 365, les cas d'usages de flux essentiellement centrés sur SharePoint jusque-là.

Courant 2022, le chatbot "Power Platform Virtual Agent" a fait son apparition dans Power Automate, en bas du menu de navigation de gauche mais, connecté uniquement au site Microsoft Learn, la portée de son assistance n'était pas suffisante.

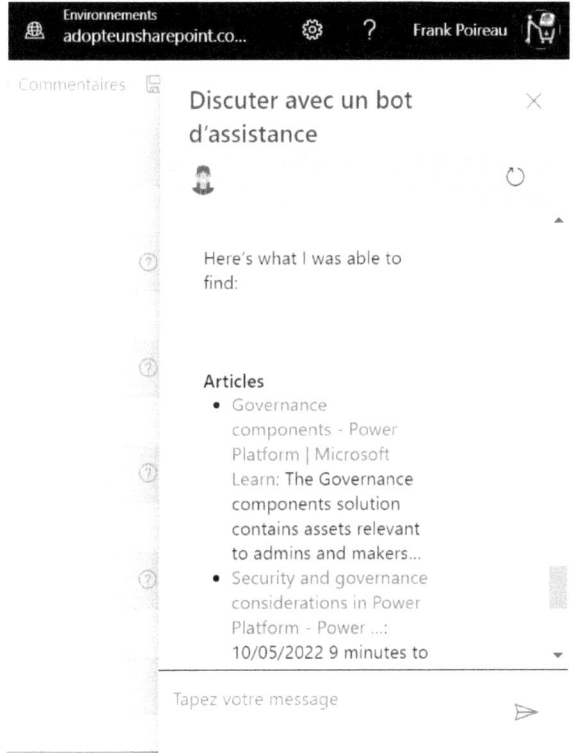

L'arrivée de Copilot va vraiment changer la donne car l'IA va combler le fossé entre les mondes No Code et Low Code.

En cliquant sur l'invitation à créer un flux depuis la page d'accueil, l'utilisateur va se voir proposer un écran pour décrire de la façon la plus précise le flux recherché.

En réponse, Power Automate donne un aperçu des éléments constituant le flux, à savoir l'événement déclencheur (trigger) et les actions suivantes, en indiquant le logo des connecteurs à valider dans l'écran suivant.

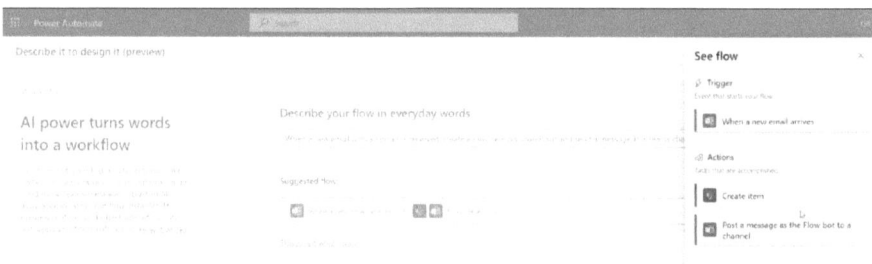

La troisième étape permet de définir au travers d'un formulaire les paramètres du flux, qui seront alors injectés en mode No-Code.

Ce n'est plus qu'à la 4ème étape que le concepteur du flux arrive sur l'écran que tous les concepteurs de flux utilisent depuis 2016.

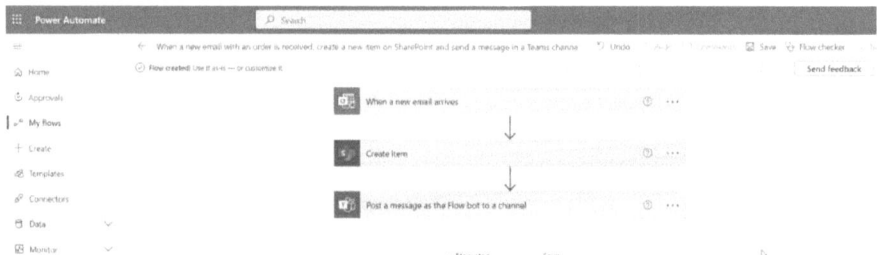

(La vidéo de 1 min de la chaîne Microsoft Power Platform d'où sont tirées ces captures d'écran: https://www.youtube.com/watch?v=9lnDnxLcis4)

On peut imaginer que le déploiement de Copilot dans Power Automate ne va pas s'arrêter là : on s'attend ici évidemment à ce que l'IA assiste le concepteur du flux de travail dans ce dernier écran, de manière à pouvoir le modifier sans générer d'erreur et de le tester par la suite.

Microsoft teste encore cette ultime version et annonce que Copilot pour Power Automate va permettre de réduire :

- Le temps de création d'un flux de travail de moitié, que l'on appartienne à la catégorie des "IT Pro" ou des "Power Users" ;
- Le taux d'erreur lors de la première exécution de 70 % et ce taux se réduit de 1% tous les 10 jours environ !

On peut imaginer que Microsoft ne va plus trop attendre pour lancer Copilot pour Automate.

Passons maintenant à Power Apps.

Copilot pour Power Apps

Power Apps sert à construire des applications de formulaires, réalisées aussi bien par la population des "IT PRO" que par des "Power Users". En cela, il est dans la lignée des produits Microsoft©, Microsoft Access et InfoPath pour ceux qui ont connu les versions Server de SharePoint.

Comme je l'ai expliqué dans mon précédent livre "SharePoint et la Power Platform : Power Apps, Power Automate, Power Virtual Agents, Power BI en modes No Code et Low Code", Power Apps fonctionne avec de multiples sources de données dont les sources de données Microsoft 365 que sont Excel pour OneDrive, SharePoint et Dataverse.

L'IA arrive pour que, dans Power Apps comme pour les outils "Power ...", on fasse reculer la nécessité de savoir "coder" pour créer ses solutions, à l'instar de ce que nous venons de voir pour Power BI.

Avant l'arrivée de Copilot, l'IA avait déjà fait son apparition avec la composition d'écran à partir de l'interprétation d'une image, avec évidemment quelques limites à l'exercice.

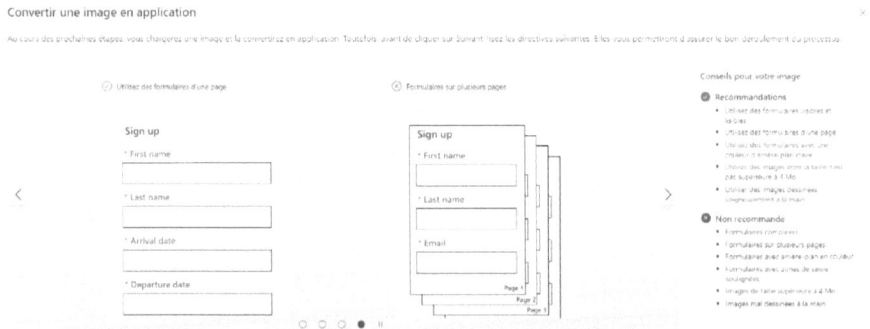

Autre apparition de l'IA datant de 2022 : l'apparition, dans les propriétés d'un contrôle, d'un onglet Idées qui faisait des suggestions sur le paramétrage avancé de l'écran ou d'un ou plusieurs contrôles sélectionnés ; cet onglet va certainement disparaître au profit de Copilot.

Ce que l'on sait déjà, c'est que Copilot pour Power Apps sera en mesure de créer l'écran à partir d'un prompt, comme pour Copilot pour PowerPoint, Copilot pour SharePoint et Copilot pour Power automate.

Les premières démonstrations ont aussi montré que Copilot pouvait créer la structure de la source de données, à condition qu'elle soit de type Dataverse.

Comme pour Power Automate, on s'attend ici évidemment à ce que Copilot pour Power Apps assiste le concepteur de l'application dans la réalisation de ses écrans, l'aidant à trouver les bonnes formules de code pour réaliser ce que l'interface No Code de Power Apps ne permet pas de réaliser *via* le ruban d'édition ou le volet de paramétrage des propriétés. L'expérience utilisateur ressemble dans la prévisualisation de 2023 au nouveau Bing dans le sens où Copilot est connecté à la documentation en ligne de Microsoft mais ne "fera pas encore" le travail : nous avons ainsi vu que Copilot pour PowerPoint ajoutait des diapos, créait la mise en page et injectait les textes générés.

Nous avons vu que le nouveau Bing possédait sur l'onglet Compose un bouton permettant d'injecter sa dernière réponse directement dans la page ; à terme, Power Apps devrait être en mesure d'injecter directement dans les "contrôles" les bonnes formules que le mode Low Code exigeait mais la chose sera complexe à réaliser en raison des liens entre les contrôles logiques qui font l'intelligence technique de l'application. Nous verrons que cela arrivera vite dans Power Apps puisque Copilot pour Visual Studio le fait déjà comme vous le lirez à la fin du chapitre.

Je voulais vous présenter deux effets Waouh concernant l'arrivée de l'IA dans Power Apps avec Copilot.

Le premier effet Waouh consiste, une fois positionné sur la page d'accueil du studio Power Apps, à être accueilli par un champ de plusieurs lignes de texte vous invitant à écrire un prompt de définition de votre prochaine application. Exactement comme pour Power Automate mais l'appel aux dizaines de modèles préexistants en moins ! Sur cette page l'IA de Copilot propose une source de données en colonnes Dataverse, déduites de la description fonctionnelle que vous avez indiquée dans le prompt initial ! Copilot connaît la structure de données de Dynamics et utilise par conséquent des colonnes préexistantes. On comprend que, pour SharePoint, cela passe par un Copilot qui sache d'abord créer des listes ; nous verrons dans les prochaines semaines si cela prend forme réellement ou si nous devrons nous contenter de Dataverse uniquement. Vous pouvez échanger avec Copilot pour modifier cette structure de données en modifiant le nom d'affichage d'une colonne ou le nom de la table ; pour l'instant, on ne peut pas (encore) modifier le type de données mais on peut demander à Copilot de charger des jeux de données.

Passer à l'écran suivant consiste à accéder au canevas de conception visuel : l'IA a généré l'écran d'application ce que Power Apps faisait déjà mais cette fois, le canevas n'est pas limité à la version Smartphone. Dans le canevas, Copilot pour Power Apps fonctionnera sans restriction de type de sources de données (Excel pour OneDrive, SharePoint et les sources de données externes).

Maintenant le second effet "wahou" : vous allez vous-même pouvoir insérer un contrôle Copilot dans l'écran de votre propre application, de manière à offrir à vos utilisateurs un assistant qui pourra être interrogé sur la ou les sources de données que vous lui indiquerez !

Copilot pour Power Apps va permettre aux concepteurs de gagner encore plus de temps qu'ils en gagnaient déjà mais, pour embarquer les Power Users, il faudra malgré tout un minimum de formation pour leur permettre d'appréhender un certain nombre de concepts indispensables : structures de données relationnelles, variables, ergonomie utilisateur, respect des bonnes pratiques…

Copilot pour Power Virtual Agents

Power Virtual Agents est resté depuis sa création dans l'ombre des trois outils "Power" susmentionnés. C'est le plus récent et il possède une interface moderne, simple et… complexe à la fois, surtout pour un Power User : la raison tient au fait que tout le monde ne sait pas forcément faire fonctionner un agent virtuel, un chatbot ! La notion d'entité et de sujets font de la conception de chatbot une solution plus complexe à concevoir qu'il n'y paraît, comparé à un flux de traitement ou un écran de saisie de données.

Comme je l'écrivais dans mon livre "SharePoint et la Power Platform" (2021), Power Virtual Agents sert à créer un agent conversationnel qui déroulera le scénario conversationnel à choix multiples que vous aurez construit. Techniquement parlant, Power Virtual Agent va servir à installer un programme informatique qui va s'exécuter au travers d'une interface homme/robot, basée sur une conversation écrite à l'avance, ce qui permet de s'assurer que le chatbot ne prendra jamais la liberté de dire quelque chose d'inapproprié. Le chatbot de Power Virtual Agents peut collecter des données et passer la conversation à un opérateur d'un centre d'appels.

J'écrivais également dans ce livre que l'on ne pouvait pas parler d'intelligence artificielle quand on mettait en place un chatbot Power Virtual Agent... mais les choses ont changé avec l'arrivée à maturité des solutions d'OpenAI.

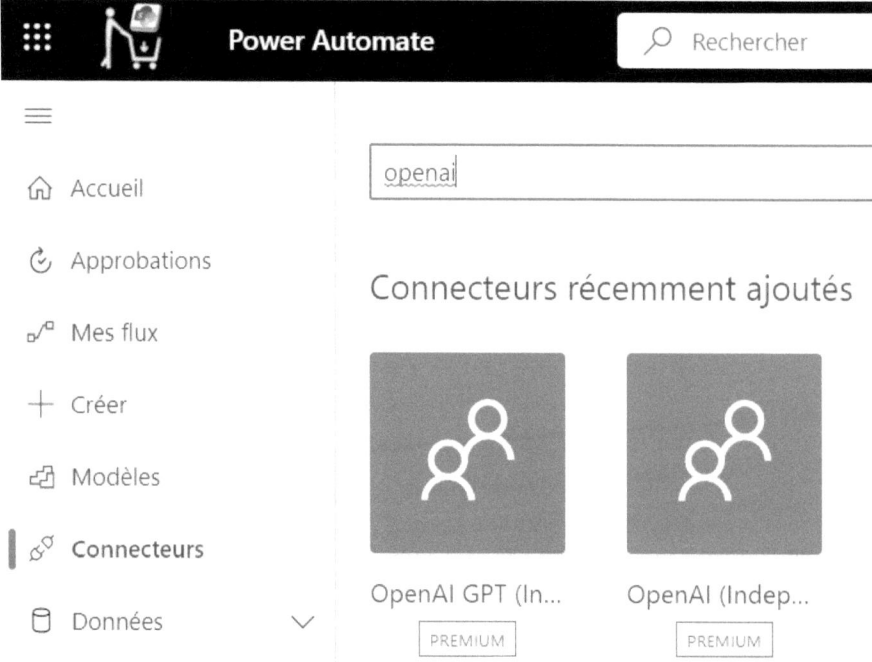

Power Virtual Agents utilise ainsi les flux Power Automate pour fonctionner avec l'écosystème Microsoft 365 (SharePoint, Dataverse...) et peut ainsi profiter du connecteur OpenAI GPT : l'appel à l'API OpenAI se fait donc au travers au travers de Power Automate.

On peut également attendre de Microsoft de déployer Copilot pour améliorer l'expérience de conception de Power Virtual Agents et justement, les premiers écrans de Copilot pour Power Virtual Agents montrent le soin apporté au paramétrage des "sujets".

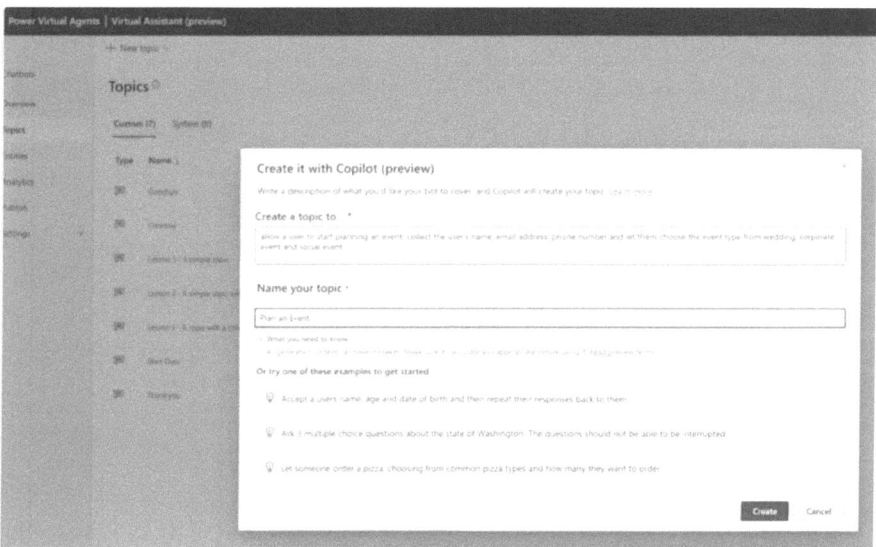

Ensuite, Copilot pour Power Virtual Agents s'invite dans l'écran de conception du scénario conversationnel : vous pouvez ainsi interroger Copilot en langage naturel pour obtenir le Low Code dont vous avez besoin. Contrairement à Power Apps et Power Automate, Copilot ne partage pas le bout de code à titre informatif dans le fil de discussions mais l'injecte directement dans le scénario conversationnel.

Il semble que Copilot pour Power Virtual Agents semble déjà assez abouti, comparé à Power Automate et Power Apps ; cela s'explique par le fait que Power Virtual Agents :

- est finalement un outil Power User assez simple comparé aux 2 autres ;
- qui repose sur Power Automate pour toutes les intégrations dont il a besoin pour des scénarios d'utilisation avancés.

Vous pouvez ensuite déployer votre chatbot sur Teams, sur SharePoint ou sur Power Pages !

Copilot pour Power Pages

Power Pages est la solution la plus récente des outils de la Power Platform ; Power Pages est la solution qui permet de créer des sites Internet. Adossée à Dynamics 365, la solution permet de bénéficier de fonctionnalités de gestion de communautés client qui peuvent s'identifier et accéder à leurs données *via* des fournisseurs d'identité délégués comme LinkedIn, Google, Facebook ou Twitter (liste complète ci-dessous).

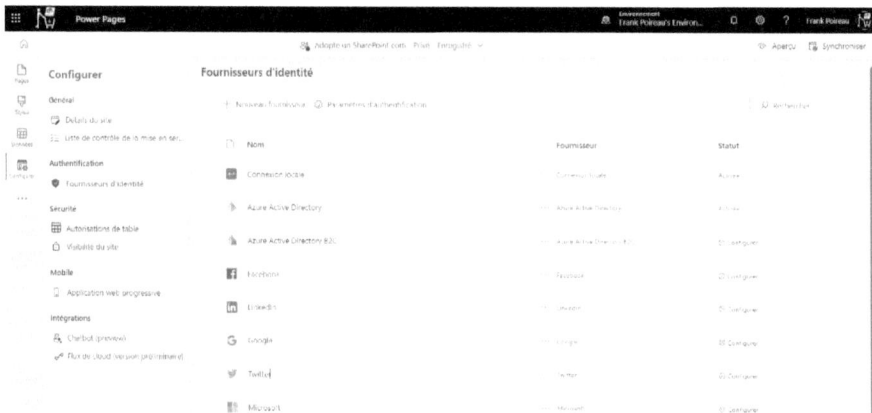

Pour ce qui concerne Copilot pour Power Pages, l'expérience utilisateur ressemble à celle de SharePoint (page) mais en moins riche (nombre de webparts). Power Pages possède néanmoins un Copilot qui aide à produire les textes et les injecte directement dans les composants WebPart Texte insérés dans les pages, comme pour Word et l'onglet Compose de Bing.

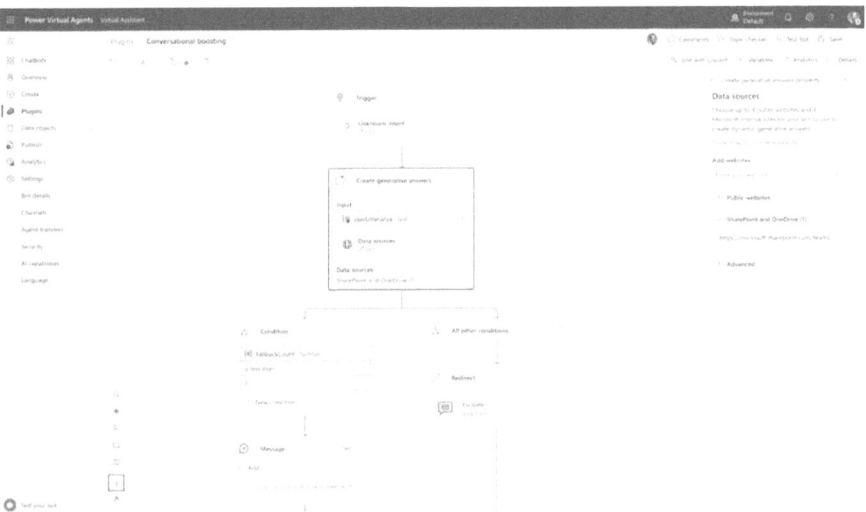

Comme pour PowerPoint, Copilot pour Power Pages est également un assistant qui permettra la conception de formulaires, comme Copilot pour Power Apps !

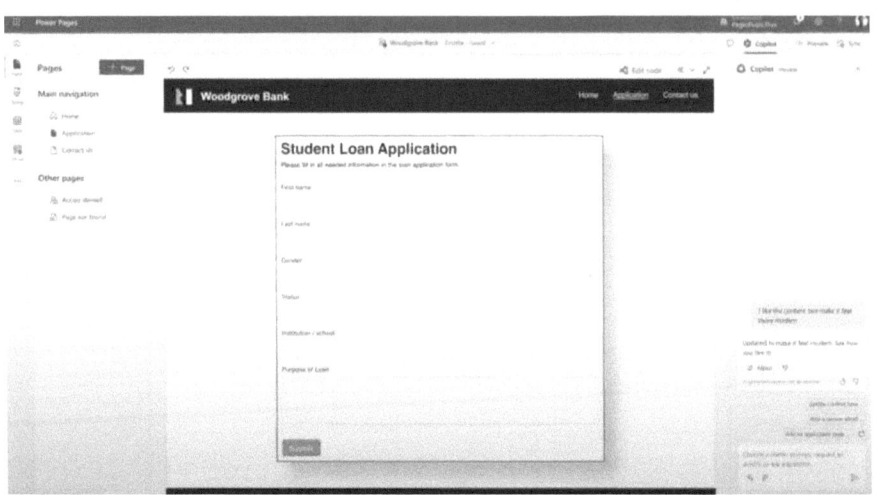

Source : Microsoft Power Platform Channel[xii] : Introducing Copilot in Power Pages https://www.youtube.com/watch?v=oZvxjEoTIfU&list=PLotnXcS-vZ_XquxdIdg4dvl1HPWHsFQCV&index=33

Enfin, il existe un mode développeur Visual Studio dans Power Pages qu'il est possible d'utiliser directement depuis la Power Pages !

Vous pouvez ajouter un chatbot Power Virtual Agents (prévisualisation en mai 2023) dans votre site Power Pages mais ce chatbot ne ressemble pas au contrôle Copilot pour Power Apps, cité précédemment : en effet, Copilot pour Power Apps appelle Copilot tandis qu'un chatbot Power Virtual Agents fait appel à ChatGPT d'OpenAI...

De PowerPlatform à VisualStudio

Pour conclure ce chapitre dédié à Microsoft et OpenAI, je me dois de vous expliquer comment l'IA va également révolutionner les outils de développeurs. Pour ce faire, je vais évoquer successivement le rapprochement entre Github et OpenAI, opéré depuis plusieurs années déjà puis je parlerai de l'évolution d'Azure pour finir par Visual Studio, l'outil phare de Microsoft pour ce qui concerne le développement.

OpenAI et Github

GitHub est une plateforme de développement informatique qui appartient à Microsoft et qui permet à ses membres de collaborer sur des projets de façon communautaire.

Lancé en 2021, le projet GitHub Copilot avait vocation de fabriquer un outil d'IA en collaboration avec OpenAI pour assister le développeur dans l'écriture de son code avec des suggestions automatiques et en temps réel. Vous connaissez maintenant l'origine des différents Copilot pour Microsoft 365 !

Github Copilot et Azure AI

Azure AI est l'ensemble de services d'IA proposés par Microsoft Azure : Azure IA permet aux développeurs de créer des applications d'IA. Ces services incluent des fonctionnalités telles que les services proposés par Azure Cognitive Services orientés la reconnaissance vocale, reconnaissance de forme, traduction instantanée et bien plus encore.

GitHub Copilot est disponible dans Azure Data Studio en tant qu'extension : de cette manière, vous pouvez intégrer Azure AI avec GitHub Copilot. À partir de là, le développeur peut tester son code sur ses propres jeux de données depuis Azure et bénéficier des complétions de code contextualisées, des suggestions et même des extraits de code entiers de GitHub Copilot, tout cela pour lui faire gagner du temps.

Une fois testé, le code pourra être intégré au programme de développement *via* un outil comme Visual Studio ou Visual Studio Code.

Github Copilot et Visual Studio

Je me suis permis de demander au nouveau Bing comment utiliser cette IA dans Visual Studio.

GitHub Copilot a été annoncé pour la première fois le 29 juin 2021 en tant qu'aperçu technique pour Visual Studio Code. Depuis lors, il a été étendu pour prendre en charge d'autres éditeurs de code tels que les IDE JetBrains et Neovim 2. Le 29 mars 2022, GitHub a annoncé que Copilot était également disponible pour Visual Studio 2022.

Les développeurs vont ainsi également bénéficier de l'IA pour augmenter leur connaissance, leur savoir-faire et leur productivité.

IX. Les autres solutions d'IA des GAFAM

Afin de mieux appréhender les différents points qui vont suivre, il est important de comprendre quelle vue nous avons sur l'état actuel d'avancement de l'IA dans les différents pays et comment nous sommes en mesure d'apprécier l'évolution de l'adoption de celle-ci dans les diverses stratégies gouvernementales.

Pour ce faire, nous nous référons au rapport AI Index publié annuellement par le "**Stanford Institute for Human-Centered Artificial Intelligence (HAI)**[xiii]" qui suit et analyse les progrès et le développement de l'intelligence artificielle dans divers domaines tels que la recherche, l'industrie, l'éducation et la politique. Le rapport fournit des informations et des analyses fondées sur des données sur un large éventail de sujets liés à l'IA, notamment le financement et l'investissement, la recherche et le développement, la main-d'œuvre et l'éducation, l'éthique et la gouvernance, ainsi que l'impact social et sociétale.

Le rapport AI Index est largement considéré comme l'une des sources d'information la plus complète et la plus fiables sur l'état de l'IA. Le rapport s'appuie sur un large éventail de sources, notamment des publications universitaires, des rapports industriels, des données gouvernementales et des enquêtes menées auprès d'experts et de praticiens. Il est conçu pour fournir une vue d'ensemble de l'état de l'IA et pour informer les décideurs politiques, les chefs d'entreprise et le public sur les opportunités et les défis posés par cette technologie en évolution rapide.

Sans rentrer dans tous les détails du rapport, prenons comme exemples quelques graphiques en connexion avec notre livre. L'analyse des publications est clé car elle permet de mieux comprendre cette course à l'IA et comment d'un coup d'un seul nous retrouvons avec plusieurs technologies qui ont émergés depuis environ 5 ans en lien direct avec les usagers finaux.

Il est important de comprendre que le nombre de publications impliquent un certain niveau de maturité, qui lui-même peut signifier une course à la

« *patentisation* » de nouveaux modèles IA qui seront utilisés par les Industries. Ci-dessous entre 2010 et 2021, les publications mondiales ont doublé de volume.

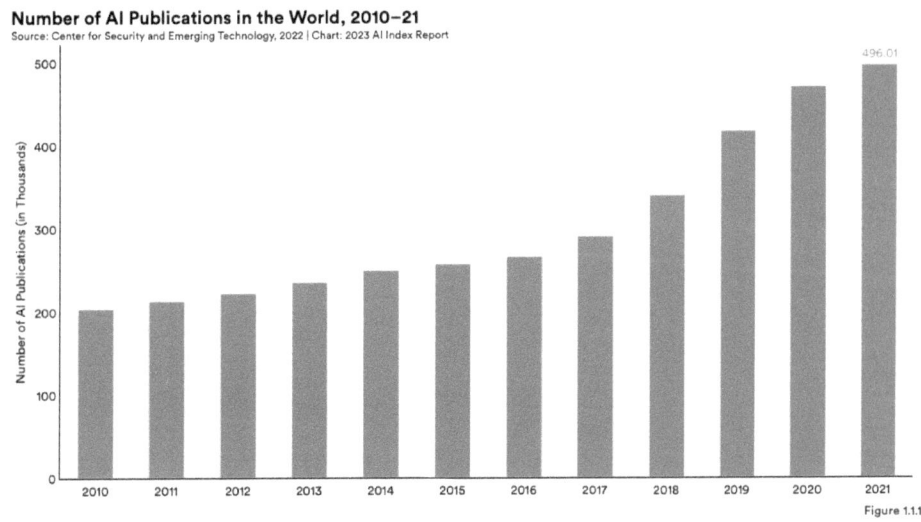

Nombre des publications IA dans le monde, 2010-2021

Mais alors qui domine la course à la publication ? La réponse est mitigée selon les secteurs mais au niveau mondial, nous pouvons constater que les Etats-Unis ont entamés un déclin des publications depuis 2017, et qu'a l'inverse la Chine n'a fait qu'accroitre ses publications depuis 2017, si tant est qu'elle est en position dominante à l'heure où nous écrivons ces lignes.

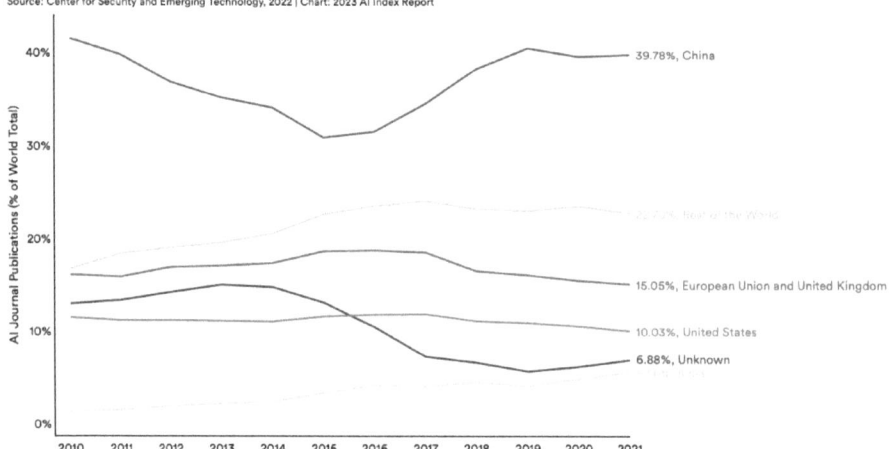

Publication IA dans journal scientifique, 2010-2021

Autre point de vue intéressant et rentant en ligne de compte avec notre sujet, la figure présente une chronologie des grands modèles linguistiques et multimodaux publiés depuis GPT-2, ainsi que les affiliations nationales des chercheurs qui ont produit ces modèles. Nous pouvons constater que depuis 2019 un nombre important de nouveaux modèles sont sortis, amenant à conclure que nous avons atteint une certaine maturité dans ce domaine mais qu'il est possible que nous ayons atteint un certain "**plateau de connaissances**" qui nécessitera un peu plus de temps pour l'affinage des plateformes.

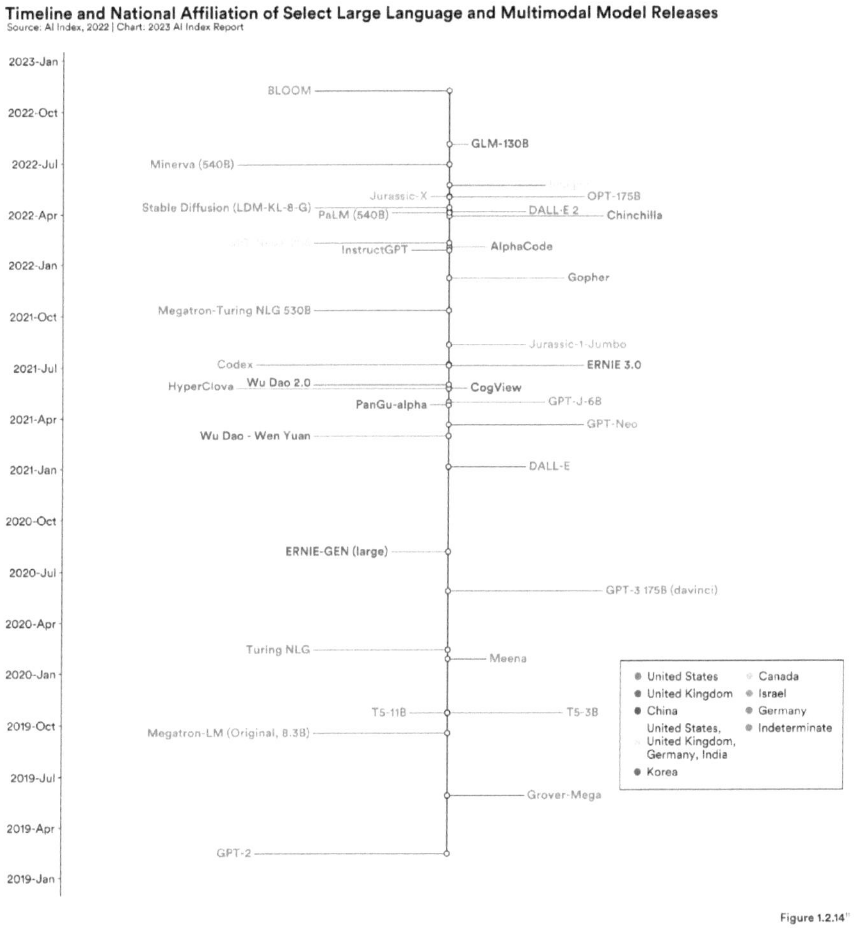

Chronologie des nouveaux modèles LLM

Intelligence artificielle : Alibaba entre dans la course face à ChatGPT

Après les Américains d'Open AI, de Microsoft et de Google, ainsi que le Chinois Baidu, l'entreprise fondée par Jack Ma a également annoncé qu'elle travaillait sur le développement d'un robot conversationnel basé sur l'intelligence artificielle. Le géant chinois du commerce électronique,

Alibaba, a confirmé qu'il testait actuellement son propre logiciel de conversation basé sur l'IA, sans révéler le nom de ce dernier, ni la date de son lancement ou la plateforme sur laquelle il sera disponible. À terme, l'objectif d'Alibaba est de proposer un programme capable de reproduire un dialogue humain grâce à l'IA pour ses utilisateurs, mais l'utilisation prévue de ce futur chatbot intelligent reste floue.

Lors d'une conférence très attendue sur ses avancées en intelligence artificielle, Google a présenté des avancées remarquables pour ses outils Google Maps et Google Lens. Cependant, elle a semblé être prise de court face à Bing Chat, la nouvelle fonctionnalité du moteur de recherche de Microsoft, visant à attaquer les parts de marché de Google.

Google propose l'IA générative via son Cloud et Workspace

Google a annoncé l'ajout de l'IA générative dans son Cloud et Workspace, avec des modèles basés sur AutoML et Vertex IA. La plateforme Vertex IA a également bénéficié d'une mise à jour importante pour permettre aux développeurs de créer leurs propres modèles et applications. Google a également multiplié les partenariats avec des entreprises spécialisées en IA. Pour les utilisateurs, Google prévoit d'intégrer l'IA générative dans ses services en ligne, mais pour le moment, seuls un nombre restreint d'utilisateurs de confiance peuvent y accéder. Les fonctionnalités comprendront la rédaction, la synthèse ou la réécriture de contenus dans Docs, la hiérarchisation, le tri ou la rédaction d'e-mails dans Gmail, la génération de formules et l'exploitation plus efficace des données dans Sheets, la création d'images, de vidéos et de contenu audio sur Slides, et la prise de notes et la génération d'arrière-plans sur Meet. Google a décidé de faire preuve de prudence en raison des enjeux de confidentialité et de gouvernance des données.

De nouveaux outils pour les développeurs chez Google

Depuis plusieurs semaines, la guerre de la communication fait rage autour de l'IA générative ! Prenant de court Microsoft qui s'apprêtait à annoncer l'implémentation de ChatGPT dans les applications de Microsoft 365, Google a dévoilé son intention d'offrir aux professionnels de nouveaux outils basés sur l'IA générative à travers son Cloud.

« *Concrètement, Google donne désormais la possibilité aux développeurs d'expérimenter, et notamment de créer leurs propres modèles et applications, en leur donnant un accès via Palm API et Google Cloud. Dans ce cadre, Vertex AI, plate-forme lancée en mai 2021 permettant d'entraîner et de déployer des modèles de machine learning et des applications d'IA, bénéficie de la « plus grande mise à niveau jamais réalisée ». Grâce à cette nouvelle mise à jour, les développeurs ont plus de contrôle et de choix des modèles de base, à l'image de PaLM, et un accès à des fonctions d'ingénierie rapide et de génération de données synthétiques.* »

Google a en effet décidé d'accélérer sa stratégie en matière d'intelligence artificielle (IA) en multipliant les partenariats avec d'autres acteurs du secteur. Parmi ces partenaires, on peut citer Midjourney, Osmo et Ai21 Labs, ainsi que d'autres entreprises telles que Anyscale, Weights & Biases, Labelbox, Replit, Accenture, BCG, Deloitte, McKinsey, Quantiphi et TCS.

Google a établi un partenariat avec Midjourney pour la génération d'images. Midjourney est une entreprise spécialisée dans l'IA et les technologies de vision par ordinateur. Grâce à cette collaboration, Google peut exploiter l'expertise de Midjourney pour améliorer ses capacités de génération et de traitement d'images, ce qui peut avoir des applications dans des domaines tels que la réalité virtuelle, la recherche d'images et l'analyse d'images en général.

Osmo est un autre partenaire avec lequel Google a travaillé pour la détection olfactive grâce à l'IA. Osmo développe des technologies permettant de détecter et d'analyser les odeurs à l'aide de capteurs spéciaux et de modèles d'apprentissage automatique. Cette collaboration permet à Google d'explorer de nouvelles applications pour la détection des odeurs, comme la surveillance environnementale, la qualité de l'air et d'autres domaines liés à la chimie des odeurs.

En ce qui concerne le traitement du langage naturel, Google s'est associé à Ai21 Labs. Ai21 Labs est une société axée sur l'amélioration des technologies de traitement du langage naturel grâce à l'IA. Grâce à ce partenariat, Google peut bénéficier des avancées réalisées par Ai21 Labs dans le domaine du traitement du langage naturel, ce qui peut avoir des répercussions sur des produits tels que Google Search, Google Assistant et Google Translate.

En dehors de ces partenariats spécifiques, Google a également établi des collaborations avec des entreprises telles que Anyscale, Weights & Biases, Labelbox, Replit, Accenture, BCG, Deloitte, McKinsey, Quantiphi et TCS. Ces partenariats peuvent couvrir divers aspects de l'IA, tels que le développement d'outils, les services de conseil et l'expansion de l'adoption de l'IA dans divers secteurs industriels.

L'objectif principal de ces partenariats est de renforcer les capacités d'intelligence artificielle de Google en combinant l'expertise et les ressources de différents acteurs du secteur. Cela permet à Google d'accélérer le développement et l'adoption de l'IA, tout en bénéficiant des connaissances spécialisées de ses partenaires pour relever les défis complexes liés à la vision par ordinateur, à la détection des odeurs, au traitement du langage naturel et à d'autres domaines connexes.

Des outils Workspace ?

Côté utilisateurs, Google a également annoncé son intention d'intégrer de l'IA générative dans ses services en ligne proposés dans Workspace, à l'image de ChatGPT dans Microsoft 365. Comme elle l'a fait avec Google Bard, la firme de Mountain View a choisi de restreindre l'accès à ces nouvelles fonctionnalités de Workspace à des testeurs triés sur le volet, et seulement en anglais. Elles seront également limitées à Docs et Gmail, dans un premier temps, avant d'être étendues à un public plus large et à l'ensemble des services Workspace.

"La vidéo traite de la plateforme de machine learning gérée de Google Cloud, Vertex AI, qui propose une variété de produits pour aider les utilisateurs tout au long du processus de machine learning. Le support de l'IA générative est l'un de ces produits qui permet aux développeurs et aux équipes de science des données d'accéder rapidement et facilement à des modèles de base, de les ajuster et de les déployer.

La vidéo présente Generative AI Studio et Model Garden, qui sont des outils permettant aux utilisateurs de prototyper rapidement avec la conception de chats et de prompts, et d'expérimenter avec des modèles de base, respectivement. La vidéo montre également comment l'IA générative peut être utilisée pour créer une campagne omnicanale composée de blogs, de publications Instagram, de tweets et d'images pour une entreprise fictive appelée Cymbal, sans avoir besoin d'expertise en ML.

Enfin, la vidéo présente Vertex Model Garden, qui est un environnement unique pour rechercher et découvrir les derniers modèles de Google Research et DeepMind, ainsi que des modèles open source et tiers".

À terme, il devrait être notamment possible de :

1. Rédiger, synthétiser ou réécrire des contenus dans Docs ;
2. Hiérarchiser, trier ou rédiger des e-mails dans Gmail ;
3. Générer des formules et exploiter plus efficacement des données dans Sheets ;
4. Créer des images, de la vidéo du contenu audio sur Slides ;
5. Prendre des notes et générer des arrière-plans sur Meet.

Pressé par un Microsoft exalté par son partenariat avec OpenAI, Google dévoile petit à petit son jeu, en faisant toutefois preuve d'une certaine prudence, comme l'a récemment souligné Johanna Voolich Wright, Vice-Présidente Product chez Google Workspace :

« En raison de notre longue expérience dans l'IA et la productivité, nous savons que la création de fonctionnalités avec l'IA nécessite une grande attention, une expérimentation réfléchie et de nombreuses itérations s'appuyant sur les retours des utilisateurs.

Nous faisons tout cela tout en mettant en place des garde-fous contre les abus, en protégeant la confidentialité des données et en respectant le contrôle des clients en matière de gouvernance des données. »

Google nous indique également : *nous croyons depuis longtemps à la puissance de l'IA pour transformer la capacité à fournir des informations utiles. Dans cet article, nous expliquons plus en détail la façon dont le contenu généré par IA s'intègre à notre approche de longue date consistant à proposer des contenus utiles aux internautes dans la recherche Google* [xiv]

Google ouvre son IA générative BARD au public

« *Des choses vont mal se passer* », prévient son PDG Sundar Pichai. Après des mois d'anticipation, Google permet enfin au public d'accéder à son chatbot Bard, dans sa version bêta. Une étape majeure dans le développement de cette IA générative, basée sur le modèle de langage LaMDA (Language Model for Dialogue Applications) de Google, dont l'officialisation a été précipitée, en raison du succès de ChatGPT d'OpenAI. Google prévoit de permettre à un panel réduit de testeurs de confiances de profiter de ses nouveautés dès ce mois-ci, puis dans les semaines à venir à un panel plus large. Autrement dit, un lancement global n'est pas prévu avant un longtemps [xv].

BARD[xvi] est un chatbot basé sur l'IA et développé par Google. Il est présenté comme un service d'IA conversationnelle expérimental alimenté par LaMDA : le modèle de langage de Google conçu pour les applications de dialogue. Bard est conçu pour être un collaborateur créatif et utile pour booster votre productivité et donner vie à vos idées. Il peut être utilisé pour explorer des sources sur le web et fournir des réponses à des questions.

C'est une IA bâtie sur LaMDA Bard il s'appuie sur un puissant modèle de langage que Google a présenté il y a déjà longtemps. Cela remonte à la Google 2021, mais qu'il n'avait jamais osé, jusqu'à présent, ouvrir au grand public. Google annonce que ce sera le cas « dans les semaines à venir. LaMDA (Language Model for Dialogue Applications). La base de données Infiniset est la colonne vertébrale de Google Bard.

Google Bard fonctionne en scannant Internet et en apprenant les mots, les phrases et les idées associés. Il utilise un modèle de langage appelé PaLM2, conçu pour les applications de dialogue.

La principale différence entre Google Bard et ChatGPT, pour le moment est que le service de Google tire toutes ses informations du Web. ChatGPT est un modèle de langage de traitement du langage naturel (NLP) pré-entraîné développé par OpenAI. Il est capable de générer du texte à partir d'un texte d'entrée donné. En revanche, Google Bard fonctionne en scannant Internet et en apprenant les mots, les phrases et les idées associés.

IA : le nouveau modèle de langage d'Amazon s'annonce bluffant

Grâce à une nouvelle approche baptisée Multimodal Chain of Thought, le nouveau modèle d'Amazon affiche des performances intéressantes dans la résolution de problèmes concrets[xvii].

Le Chain of Thought, est une approche très prometteuse. L'idée, est de permettre à un modèle de langage de déconstruire l'énoncé du problème pour procéder étape par étape, comme le ferait un humain. Dans l'idéal, cela permettra de réduire considérablement le nombre d'hallucinations[xviii].

Amazon a poussé ce concept encore plus loin. Grâce à une nouvelle approche multimodale (Multimodal-CoT), le nouveau modèle est capable de "comprendre" du texte, mais aussi des images, ou une combinaison des deux. Il sera donc intéressant de voir si les entreprises qui développent des modèles de langage vont miser dessus. Le texte de l'étude est disponible[xix].

Le code du modèle est disponible en accès libre sur GitHub. Voir dans la note de fin de ce livre [xx].

 Question sur Apple à ChatGPT. Pouvez-vous m'expliquer si ce modèle formé à l'aide de Create ML est au format de modèle Core ML et sont prêts à être utilisés dans votre application. Apple fournit également plusieurs modèles open source populaires qui sont déjà au format de modèle Core ML. Vous pouvez télécharger ces modèles et commencer à les utiliser dans votre application. De plus, divers groupes de recherche et universités publient leurs modèles et leurs données de formation, qui peuvent ne pas être au format de modèle Core ML. Utilisez Core ML Tools pour convertir ces modèles à utiliser dans votre application.

Le modèle Create ML est un outil fourni par Apple qui permet aux développeurs de créer leurs propres modèles d'apprentissage automatique spécifiquement pour les applications Apple. Ces modèles sont généralement destinés à être utilisés sur des appareils Apple tels que les iPhone, les iPad ou les Mac.

Les modèles créés à l'aide de Create ML sont effectivement au format Core ML, qui est le format de modèle d'apprentissage automatique pris en charge par les appareils Apple. Core ML est une bibliothèque qui facilite l'intégration des modèles d'apprentissage automatique dans les applications Apple, en offrant une prise en charge optimisée des performances et une intégration transparente avec les frameworks tels que Core Image, Vision, Siri, etc.

En ce qui concerne les modèles open source populaires, Apple fournit également plusieurs modèles pré-entraînés au format Core ML, que vous pouvez télécharger et utiliser directement dans vos applications. Ces modèles sont souvent pré-entraînés sur de grandes quantités de données et sont prêts à l'emploi pour des tâches spécifiques telles que la reconnaissance d'objets, la détection de visages, etc.

Cependant, il est possible que vous souhaitiez utiliser des modèles créés par d'autres groupes de recherche ou universités, qui peuvent ne pas être au format Core ML. Dans ce cas, vous pouvez utiliser Core ML Tools, un ensemble d'outils fourni par Apple, pour convertir ces modèles dans le format Core ML pris en charge par les appareils Apple. Core ML Tools permet *de convertir des modèles à partir de formats tels que TensorFlow, PyTorch, scikit-learn, etc., en modèles Core ML.*

***En résumé,** les modèles créés à l'aide de **Create ML** sont au format Core ML et sont prêts à être utilisés dans les applications Apple. Vous pouvez également télécharger des modèles open source populaires déjà au format Core ML. Si vous souhaitez utiliser des modèles qui ne sont pas au format Core ML, vous pouvez utiliser Core ML Tools pour les convertir et les intégrer dans votre application.*

C'est de l'IA ?

Oui, il s'agit bien d'intelligence artificielle (AI) !

Les modèles de machine learning, tels que ceux créés à l'aide de Create ML et utilisés dans Core ML, sont une forme d'AI. Ils utilisent des algorithmes pour apprendre à partir de données et effectuer des tâches spécifiques, comme la classification d'images ou la reconnaissance de la parole.
Les modèles de machine learning sont donc un sous-ensemble de l'intelligence artificielle, qui englobe également d'autres domaines tels que le traitement du langage naturel, les réseaux de neurones, les systèmes experts et bien plus encore.

Voici quelques informations sur les efforts d'Apple en matière d'intelligence artificielle
- *Siri : Assistant virtuel d'Apple qui utilise la reconnaissance vocale pour répondre aux demandes des utilisateurs.*
- *Core ML : Framework d'Apple pour l'intégration de modèles d'apprentissage automatique dans les applications iOS.*
- *Puce M1 : La puce de silicium personnalisée d'Apple qui comprend un moteur neuronal pour un traitement efficace de l'IA.*

> - *Face ID : Technologie de reconnaissance faciale d'Apple utilisée pour déverrouiller les iPhones et iPads. Vision par ordinateur : L'utilisation par Apple de l'IA pour améliorer l'analyse d'images et de vidéos dans ses produits.*
> - *ARKit : Le framework de réalité augmentée d'Apple, qui utilise l'IA pour fournir des expériences virtuelles réalistes.*

La barre à franchir

De nombreuses démonstrations d'IA générative impressionnantes sont basées sur des ensembles de données spécifiques, soigneusement sélectionnés et préparés. Cela peut donner l'impression que l'IA est incroyablement puissante et capable de générer du contenu de manière autonome. Cependant, lorsqu'il s'agit d'appliquer ces modèles d'IA générative au monde réel, il y a souvent des défis importants à relever.

L'un des principaux problèmes est la généralisation des modèles entraînés sur des ensembles de données limités. Les modèles d'IA générative peuvent être sensibles aux variations et aux biais présents dans les données d'entraînement. Ils peuvent produire des résultats surprenants, voire inappropriés, lorsqu'ils sont exposés à des scénarios auxquels ils n'ont pas été préparés. Par exemple, un modèle d'IA générative entraîné sur des images de visages humains peut générer des visages réalistes, mais il peut également produire des visages déformés ou offensants si le modèle est confronté à des données qui diffèrent significativement de celles de l'ensemble d'entraînement.

Un autre défi est la gestion des utilisateurs humains réels et de leurs interactions avec l'IA générative. Les modèles d'IA générative peuvent être influencés par les réponses et les commentaires des utilisateurs, ce qui peut conduire à des boucles de rétroaction problématiques. Par exemple, si un modèle est exposé à des commentaires offensants ou à des suggestions inappropriées, il peut reproduire ces comportements de manière amplifiée, ce qui peut être préjudiciable.

Il est important de comprendre que l'IA générative est une technologie en constante évolution, et des recherches sont en cours pour résoudre ces problèmes. Des méthodes de régularisation, de contrôle de la génération et de validation de la qualité du contenu sont développées pour atténuer les risques et améliorer l'application pratique de l'IA générative. Cependant, il reste des défis significatifs à relever pour garantir que ces modèles fonctionnent de manière fiable et éthique dans des scénarios réels avec des utilisateurs humains.

On s'attend à ce que les logiciels typiques fonctionnent avec une fiabilité de 99% plus ou moins, ce n'est que lorsque la reconnaissance vocale a franchi cette barre de précision sur les phrases que le marché de l'IA vocale a décollé. Idem pour le sous-titrage automatisé, la traduction, etc.

En résumé, les utilisateurs sont plus indulgents envers les erreurs de l'expérience utilisateur si elles sont attendues ou si l'application est positionnée comme interactive et utile mais pas prête à l'emploi. Les applications entièrement automatisées de l'IA générative sont encore en phase de test, mais les résultats sont prometteurs. Il est important de garder à l'esprit que les modèles pré-entraînés peuvent être biaisés en raison de leur formation sur le contenu Internet.

NVIDIA recherche un autre acteur

Quid des modèles dits de "fondation" ? Les modèles de base sont des réseaux neuronaux d'IA formés sur des ensembles de données massifs non étiquetés pour gérer une grande variété de tâches allant de la traduction de texte à l'analyse d'images médicales.

Opportunités et risques des modèles de fondation[xxi]

Les modèles de fondation offrent à la fois des opportunités et des risques, en fonction du contexte dans lequel ils sont utilisés. Voici un aperçu des opportunités et des risques associés à ces modèles.

Opportunités des modèles de fondation :

1. Financement durable : Les fondations peuvent fournir un financement stable et à long terme pour des initiatives sociales, environnementales, éducatives ou culturelles. Cela permet aux organisations de planifier et d'exécuter des projets sur le long terme, sans dépendre uniquement des sources de financement traditionnelles telles que les subventions publiques ou les dons ponctuels.

2. Influence et leadership : Les fondations peuvent jouer un rôle de premier plan dans la promotion du changement social. Elles ont souvent une expertise et une influence considérables dans des domaines spécifiques et peuvent façonner les politiques, les pratiques et les normes en faisant pression sur les gouvernements, les entreprises et les organisations de la société civile.

3. Collaboration et partenariats : Les fondations peuvent faciliter la collaboration entre différentes parties prenantes, notamment les gouvernements, les entreprises, les organisations non gouvernementales (ONG) et les communautés locales. Elles peuvent encourager les partenariats stratégiques pour résoudre des problèmes complexes et mobiliser des ressources collectives pour maximiser l'impact.

Risques des modèles de fondation :

1. Influence disproportionnée : Les fondations possèdent souvent des ressources financières considérables, ce qui peut leur conférer une influence disproportionnée sur les politiques et les programmes. Cela soulève des préoccupations quant à la concentration du pouvoir entre les mains d'un petit nombre d'individus ou d'organisations, ainsi qu'à la démocratie et à la participation publique.

2. Opacité et manque de responsabilité : Certaines fondations peuvent manquer de transparence dans leurs opérations et leurs prises de décision.

Il peut être difficile de savoir comment les fondations allouent leurs ressources, quels sont leurs critères de financement et quels sont les résultats de leurs initiatives. Cela peut entraîner un manque de responsabilité et de reddition de comptes envers les bénéficiaires et le public.

3. Biais et agenda caché : *Les fondations sont dirigées par des individus ou des groupes ayant leurs propres convictions, valeurs et objectifs. Cela peut influencer les domaines sur lesquels elles choisissent de se concentrer et les initiatives qu'elles soutiennent, ce qui peut exclure certains problèmes ou perspectives importantes. De plus, il existe des préoccupations concernant l'agenda caché de certaines fondations, c'est-à-dire les intérêts ou les motivations non déclarés qui pourraient influencer leurs décisions.*

Il est important de noter que les opportunités et les risques peuvent varier considérablement d'une fondation à l'autre.
Certaines fondations ont une gouvernance solide, une transparence accrue et un engagement envers l'impact social, tandis que d'autres peuvent présenter des défis plus importants en termes de responsabilité et d'influence.

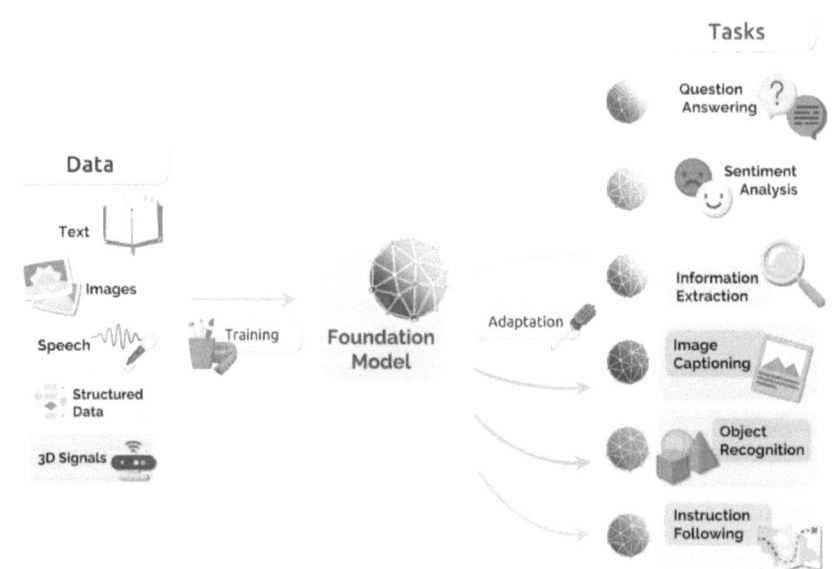

Modèle de fondation.

« Ce sont des questions sur lesquelles nous travaillons en tant que communauté de recherche », a déclaré Bryan Catanzaro, vice-président de la recherche appliquée en apprentissage profond chez NVIDIA. « Pour que ces modèles soient vraiment largement déployés, nous devons investir beaucoup dans la sécurité. » C'est un autre domaine que les chercheurs et les développeurs d'IA creusent pour créer l'avenir.

Mieux qu'un long discours un graphique issu de GitHub

Ci-dessous un guide graphique sous la forme d'un arbre évolutif des grands modèles de langage moderne (LLM) pour retracer le développement des modèles de langage au cours des dernières années et met en évidence les plus connus, graphique complémentaire avec ceux en tête de chapitre.

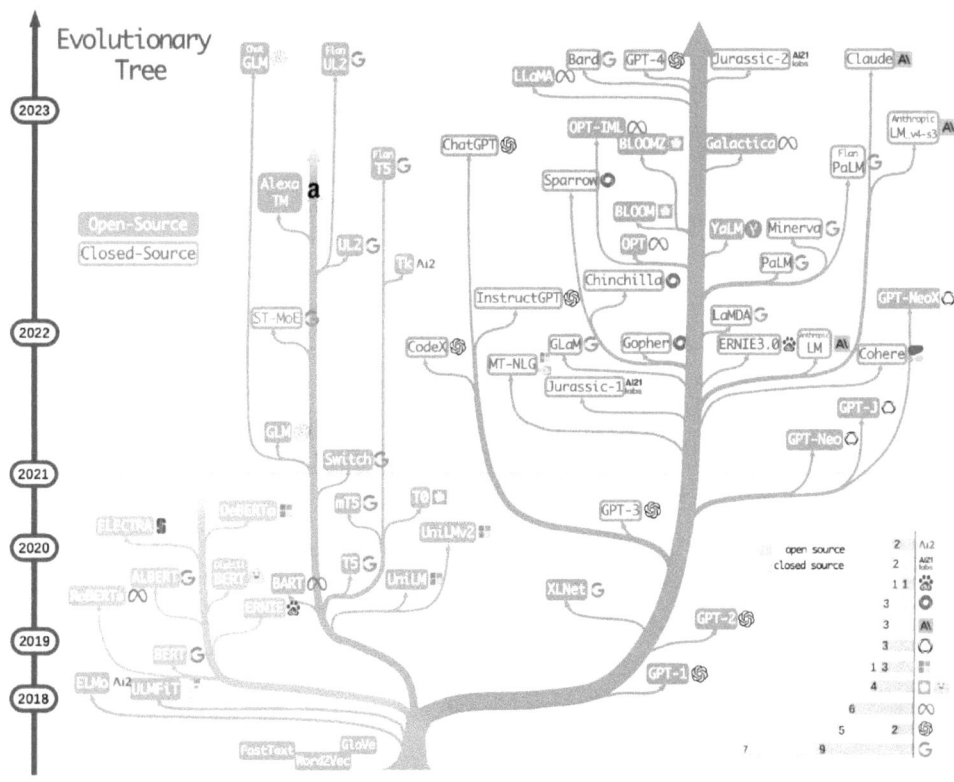

Arbre évolutif des LLM.

X. Les effets de cette technologie sur l'économie

Depuis l'implémentation de l'outil, les rédacteurs de Hardbacon, qui créent des articles sur les finances personnelles, utilisent ChatGPT pour peaufiner de courts extraits de leurs textes, tels que des définitions ou des paragraphes destinés à expliquer divers concepts. Environ 30% du contenu des articles de l'entreprise est maintenant généré par le robot conversationnel.

Les réactions des GAFAM

ChatGPT a créé une onde de choc chez les géants du Web. Bard de Google, Apple qui discute avec OpenAI pour développer son propre moteur de recherche, tandis que Meta a publiquement échoué avec ses robots conversationnels et outils d'IA générative.

Amazon a interdit à ses développeurs de soumettre leur code informatique au robot conversationnel, afin qu'il ne soit pas utilisé par OpenAI.

En revanche, Microsoft, en tant qu'investisseur important d'OpenAI, compte récolter les bénéfices de ChatGPT et prévoit d'utiliser les modèles de langage de l'entreprise dans plusieurs de ses produits, tels que Outlook et Word. Microsoft a déjà intégré ChatGPT à son moteur de recherche Bing avec le navigateur Edge début 2023.

Toutes ces activités étaient préparées depuis longtemps, la preuve en est avec quelques questions, nous voyons mieux la stratégie mise en place.

 **Depuis quand OpenAI a passé des accords avec Microsoft et d'autres compagnies ? Me donner les sources APA et les URL**

OpenAI a passé un certain nombre d'accords avec Microsoft et d'autres entreprises au fil des ans. Voici quelques-uns des accords les plus importants, ainsi que les sources APA et les URL correspondantes :

- *En juillet 2016, Microsoft a annoncé un partenariat de recherche stratégique avec OpenAI pour développer des technologies d'intelligence artificielle de pointe. Source APA : "Microsoft and OpenAI team up to democratize artificial intelligence" (https://news.microsoft.com/2016/07/22/microsoft-and-openai-team-up-to-democratize-artificial-intelligence/)*

- *En 2019, OpenAI a annoncé un accord de partenariat avec Microsoft pour investir conjointement dans des projets de recherche en intelligence artificielle, ainsi que pour utiliser la plateforme de cloud computing Azure de Microsoft pour exécuter certains des projets d'OpenAI. Source APA : "OpenAI and Microsoft announce partnership" (https://openai.com/blog/openai-and-microsoft-announce-partnership/)*

- *En 2020, OpenAI a annoncé un accord de licence exclusif avec Microsoft pour la technologie de langage naturel GPT-3, permettant à Microsoft d'intégrer cette technologie dans ses propres produits et services. Source APA : "Microsoft to exclusively license OpenAI's GPT-3 language model" (https://www.microsoft.com/en-us/cognitive-services/gpt-3-exclusively-licensed)*

- *En 2021, OpenAI a annoncé un partenariat de recherche avec BMW Group pour développer des systèmes d'intelligence artificielle pour la production automobile. Source APA : "OpenAI and BMW Group Partner to Advance Sustainable Manufacturing" (https://openai.com/blog/openai-and-bmw-group-partner-to-advance-sustainable-manufacturing/)*

Depuis quand OpenAI a passé des accords avec Microsoft et d'autres compagnies ?

Me donner les sources APA et les URL

OpenAI a été fondé en décembre 2015 par un groupe de personnalités du monde de la technologie, notamment Elon Musk, Sam Altman, Greg Brockman, Ilya Sutskever et Wojciech Zaremba. L'objectif initial de l'entreprise était de promouvoir une intelligence artificielle sûre et bénéfique pour l'humanité.

Voici les sources APA et URL correspondantes :

- *Brockman, G., & Altman, S. (2015, December 11). Introducing OpenAI. OpenAI Blog. https://openai.com/blog/introducing-openai/*

- *Dastin, J. (2015, December 11). Tech luminaries Musk, Hawking, and Wozniak urge AI weapons ban. Reuters. https://www.reuters.com/article/us-artificialintelligence-arms-idUSKBN0TT00W20151211*

- *Metz, C. (2015, December 11). Elon Musk and Other Tech Leaders Launch AI Open-Source Platform. Wired. https://www.wired.com/2015/12/elon-musk-and-other-tech-leaders-launch-openai-a-nonprofit-charged-with-advancing-artificial-intelligence/*

 **Quel impact sur notre économie de l'IA et plus particulièrement ChatGPT ?**

L'impact de l'IA, et plus particulièrement de ChatGPT, sur l'économie dépend de nombreux facteurs et est susceptible d'être à la fois positif et négatif. Voici quelques-uns des impacts potentiels de l'IA sur l'économie :

- *Productivité accrue : L'IA peut aider à automatiser des tâches répétitives et à prendre des décisions plus rapidement et plus précisément, ce qui peut augmenter la productivité et la rentabilité des entreprises.*
- *Création de nouveaux emplois : Bien que l'IA puisse remplacer certains emplois, elle peut également créer de nouveaux emplois dans des domaines tels que la programmation, la maintenance des systèmes d'IA et l'analyse des données.*
- *Réduction des coûts : L'automatisation et l'efficacité accrues de l'IA peuvent réduire les coûts pour les entreprises, ce qui peut se traduire par des prix plus bas pour les consommateurs.*
- *Inégalités économiques : L'automatisation de certaines tâches peut affecter négativement les travailleurs peu qualifiés et entraîner une polarisation accrue des revenus et des inégalités économiques.*
- *Dépendance technologique : L'utilisation croissante de l'IA peut entraîner une dépendance accrue à la technologie et poser des défis pour la sécurité et la confidentialité des données.*

En ce qui concerne ChatGPT en particulier, il peut aider à automatiser les tâches de service clientèle, ce qui peut réduire les coûts pour les entreprises et améliorer l'expérience utilisateur. Cependant, cela peut également avoir un impact sur l'emploi dans le secteur du service clientèle. Il est important de noter que l'impact de l'IA sur l'économie dépendra également de la manière dont elle est réglementée et mise en œuvre.

	**Quel impact sur notre économie de l'AI et plus particulièrement ChatGPT ? source APA et ISO 690, plus les URLs.**

Voici quelques sources APA et ISO 690 qui traitent de l'impact de l'IA, y compris ChatGPT, sur l'économie :

- *Autorité de la concurrence. (2020). Intelligence artificielle : les enjeux de concurrence. https://www.autoritedelaconcurrence.fr/sites/default/files/2020-10/intelligence_artificielle_rapport_ac_0.pdf*

- *Brzezinski, M., & Kapturkiewicz, W. (2021). Impact of AI on the labour market: a systematic review. International Journal of Management and Applied Research, 8(1), 1-18. https://doi.org/10.18646/2056.81.21-001*

- *Godes, D. (2021). Artificial intelligence, strategic choice, and economic implications. Management Science, 67(3), 1163-1183. https://doi.org/10.1287/mnsc.2019.3494*

- *Stieglitz, N., Mirbabaie, M., Ross, B., & Neuberger, C. (2021). Social robots, chatbots, and virtual assistants for small and medium-sized enterprises: a study of acceptability and future use. Journal of Business Research, 130, 473-483. https://doi.org/10.1016/j.jbusres.2021.03.042*

- *Varian, H. R. (2018). Artificial intelligence and the economics of prediction. National Bureau of Economic Research. https://www.nber.org/system/files/working_papers/w24876/w24876.pdf*

En 2015 il était indiqué les informations suivantes sur la composition d'OpenAI

Le directeur de recherche d'OpenAI est Ilya Sutskever, l'un des experts mondiaux de l'apprentissage automatique.

Notre directeur technique est Greg Brockman, ancien directeur technique de Stripe. Les autres membres fondateurs du groupe sont des ingénieurs de recherche et des scientifiques de classe mondiale : Trevor Blackwell, Vicki Cheung, Andrej Karpathy, Durk Kingma, John Schulman, Pamela Vagata et Wojciech Zaremba. Pieter Abbeel, Yoshua Bengio, Alan Kay, Sergey Levine et Vishal Sikka sont les conseillers du groupe.

Les coprésidents d'OpenAI sont Sam Altman et Elon Musk. Sam, Greg, Elon, Reid Hoffman, Jessica Livingston, Peter Thiel, Amazon Web Services (AWS), Infosys et YC Research font un don pour soutenir OpenAI.

Au total, ces bailleurs de fonds ont engagé 1 milliard de dollars, même s'il est prévu de n'en dépenser qu'une infime partie au cours des prochaines années.

« OpenAI is an American artificial intelligence (AI) research laboratory consisting of the for-profit corporation OpenAI LP and its parent company, the non-profit OpenAI Inc. The company conducts research in the field of AI with the stated goal of promoting and developing friendly AI in a way that benefits humanity as a whole. The organization was founded in San Francisco in late 2015 by Sam Altman, Elon Musk, Peter Thiel, Reid ... »

Gartner Research : Radar d'impact des technologies émergentes

L'Emerging Tech Impact Radar 2023 [xxii] met en évidence les technologies et les tendances qui ont le plus de potentiel pour perturber un large éventail de marchés. Cette recherche met en évidence 26 des technologies émergentes et des tendances technologiques les plus impactantes, organisées autour de quatre thèmes clés, qu'il est essentiel que les chefs de produit évaluent dans le cadre de leur stratégie concurrentielle. Les chefs de produit évaluant l'impact des technologies et des tendances émergentes sur les produits et services doivent explorer ces technologies dès maintenant pour tirer parti des opportunités du marché.

"Les premiers modèles de base comme ChatGPT se concentrent sur la capacité de l'IA générative à augmenter le travail créatif, mais d'ici 2025, nous prévoyons que plus de 30 % - contre zéro aujourd'hui - de nouveaux médicaments et matériaux seront systématiquement découverts à l'aide de techniques d'IA générative", déclare Brian Burke, vice-président de la recherche pour l'innovation technologique chez Gartner. "Et ce n'est qu'un des nombreux cas d'utilisation de l'industrie."

Révolution ChatGPT, chance ou cauchemar ?

L'intelligence artificielle est présente dans nos vies depuis longtemps, dans nos smartphones, dans le domaine de la santé et de la sécurité, mais le lancement en novembre dernier par la start-up américaine Open AI d'un robot conversationnel appelé ChatGPT semble avoir marqué un tournant, au moins pour sa capacité à fasciner le grand public et les géants du numérique qui annoncent des milliards d'investissement pour combiner intelligence artificielle et recherche sur internet.

Le principe de ces IA dites « génératives », c'est qu'elles sont génératrices de contenu : elles peuvent fournir des réponses cohérentes sur à peu près tout, après avoir ingurgité des quantités massives de textes. ChatGPT peut ainsi créer des articles, des discours, des devoirs ou des réponses à des examens, des recettes de cuisine, des blagues... mais aussi pourquoi pas si on lui demande, des messages convaincants de phishing (hameçonnage en vue d'escroquerie sur internet). Ou même –disent des spécialistes inquiets - un plan d'attentat ou d'action terroriste.

Un dernier point à prendre en compte sur OpenAI et ses actionnaires

	**Quelles sont les applications, services et programmes fournis par OpenAI ? Me fournir les sources APA et les URLs**

OpenAI est une organisation de recherche en intelligence artificielle qui développe et fournit des outils, des modèles et des applications pour résoudre des problèmes complexes dans différents domaines. Voici quelques-uns des programmes et services les plus connus fournis par OpenAI :

- *GPT (Generative Pretrained Transformer) : un modèle de langage naturel capable de générer du texte à partir d'un contexte donné. Il a été utilisé pour créer des chatbots, des résumés automatiques de textes, des traductions automatiques, etc.*
- *DALL-E : un modèle de génération d'images qui peut créer des images à partir de descriptions textuelles. Par exemple, il peut générer une image d'un "éléphant rose qui joue du saxophone".*
- *Codex : un système d'IA qui peut écrire du code en fonction des instructions données par les utilisateurs.*
- *GPT-3 : une version améliorée de GPT qui est capable de comprendre et de générer des textes plus complexes. Il peut être utilisé pour des tâches telles que la génération de textes de marketing, la création de dialogues pour des jeux vidéo, etc.*
- *Gym OpenAI : une plateforme pour le développement et l'entraînement d'agents d'IA dans des environnements de simulation. Il peut être utilisé pour créer des robots autonomes, des systèmes de contrôle de drones, etc.*

Références APA pour les sources :
- *Radford, A., Wu, J., Child, R., Luan, D., Amodei, D., & Sutskever, I. (2019). Language models are unsupervised multitask learners. OpenAI blog, 1(8), 9.*
- *Brown, S. A., Gao, J., & Dhariwal, P. (2021). DALL-E: Creating Images from Text. arXiv preprint arXiv:2102.12092.*

- *Aghajanyan, A., Ho, S., & Srinivasan, S. (2021). Codex: AI for coding. OpenAI Blog, 2.*
- *Brown, T. B., Mann, B., Ryder, N., Subbiah, M., Kaplan, J., Dhariwal, P., ... & Amodei, D. (2020). Language models are few-shot learners. arXiv preprint arXiv:2005.14165.*
- *Brockman, G., Cheung, V., Pettersson, L., Schneider, J., Schulman, J., Tang, J., & Zaremba, W. (2016). Openai gym. arXiv preprint arXiv:1606.01540.*

Pouvez-vous me montrer la composition du capital et des sociétés actionnaires de OpenAI ?

En tant que modèle de langage AI, je peux vous donner des informations sur les investisseurs qui ont participé au financement initial d'OpenAI, mais je ne dispose pas des informations les plus récentes sur la composition actuelle du capital de la société ou les actionnaires individuels.

OpenAI a été créé en 2015 avec un financement initial de 1 milliard de dollars provenant d'un groupe diversifié d'investisseurs. Voici une liste partielle des investisseurs qui ont contribué au financement initial de la société :

1. Reid Hoffman (cofondateur de LinkedIn)
2. Peter Thiel (cofondateur de PayPal)
3. Amazon Web Services (division de services cloud d'Amazon)
4. Microsoft
5. Infosys
6. Formation 8 (fonds de capital-risque fondé par Joe Lonsdale)
7. Khosla Ventures
8. Founders Fond (fonds de capital-risque fondé par Peter Thiel)

En fin de compte, les effets de l'IA sur l'économie dépendront de la manière dont elle est utilisée et mise en œuvre dans différents secteurs. « Les plateformes devront saisir cette (ultime) opportunité d'apporter des réponses intelligibles et donner un horizon acceptable aux régulateurs.

Elles auraient même intérêt à admettre qu'elles ne savent et ne contrôlent pas tout. Il faut être fort pour reconnaître ses manques, et savoir l'exprimer sera récompensé par plus de confiance et de patience.[xxiii].

XI. Les métiers de l'IA et ses applications

L'intelligence artificielle est un domaine en croissance rapide qui offre de nombreuses opportunités de carrière pour les professionnels qui ont des compétences en programmation, en mathématiques, en statistiques, en apprentissage automatique, en traitement du langage naturel et en robotique.

Selon une étude de Gartner, d'ici 2025, l'IA aura créé plus de 2,3 millions d'emplois dans le monde. Une autre étude menée par PwC estime que l'IA pourrait contribuer jusqu'à 15,7 milliards de dollars à l'économie mondiale d'ici 2030.

Le nombre d'emplois dans le domaine de l'IA dépendra également de la croissance de l'adoption de l'IA dans les entreprises. De plus en plus d'entreprises intègrent des technologies d'IA dans leurs opérations, ce qui crée une demande pour des professionnels qualifiés dans le domaine.

Exemple du Chief Data Officer (CDO) ou directeur des données est un métier du Big Data rentrant en lien direct avec l'IA. Son rôle est de créer un pont entre les départements informatiques et les dirigeants qui ont besoin d'informations en temps réel. Le CDO est responsable de la création d'un environnement Big Data pour l'entreprise, du choix des données à analyser, de l'assurance de la qualité et de la cohérence des données, de la réalisation de rapports à partir des données analysées et du développement d'une stratégie axée sur les données. Les compétences nécessaires pour ce poste comprennent la maîtrise des outils analytiques et des bases de données, une expertise en mathématiques, statistiques, informatique et analyse, ainsi que des compétences en communication et en pédagogie. Un diplôme de niveau

Bac+4 ou 5 en informatique, management, statistiques ou marketing est généralement requis.

D'autres métiers sont également connexes, Architecte Big Data, Business Intelligence Manager, Master Data Manager, Data Protection Officer, Data Scientist et Chef Data Scientist, Data Miner, Data Analyst, Ingénieur Big Data, Machine Learning Engineer.

En résumé, le domaine de l'IA offre de nombreuses possibilités de carrière et l'adoption croissante de l'IA dans les entreprises devrait continuer à stimuler la croissance de l'emploi dans ce domaine dans les années à venir.

	**Quels sont les métiers de l'IA ?**

L'intelligence artificielle (IA) est un domaine en constante évolution qui offre de nombreuses possibilités de carrière. Voici quelques-uns des métiers de l'IA :

- *Ingénieur en IA : les ingénieurs en IA sont responsables de la conception, du développement et de la mise en œuvre de systèmes d'IA.*
- *Chercheur en IA : les chercheurs en IA travaillent sur la création de nouvelles technologies d'IA et sur l'amélioration de celles existantes.*
- *Scientifique de données : les scientifiques de données analysent et interprètent les données pour créer des modèles d'IA et prendre des décisions éclairées.*
- *Analyste en IA : les analystes en IA utilisent des outils d'IA pour analyser les données et fournir des informations utiles.*
- *Architecte de données : les architectes de données conçoivent et mettent en œuvre des systèmes de gestion de données pour aider les entreprises à mieux gérer leurs données et à les utiliser pour des applications d'IA.*

> - *Consultant en IA : les consultants en IA aident les entreprises à comprendre comment l'IA peut les aider à améliorer leur entreprise et à élaborer des plans pour mettre en place des systèmes d'IA.*
> - *Spécialiste en apprentissage automatique : les spécialistes en apprentissage automatique développent des algorithmes d'apprentissage automatique pour permettre aux ordinateurs d'apprendre à partir de données.*
> - *Développeur de logiciels d'IA : les développeurs de logiciels d'IA sont responsables de la création de logiciels et d'applications qui utilisent l'IA.*
> - *Éthicien en IA : les éthiciens en IA travaillent sur les questions éthiques et les implications sociales de l'utilisation de l'IA.*
> - *Gestionnaire de projet en IA : les gestionnaires de projet en IA sont responsables de la coordination de l'équipe travaillant sur un projet d'IA, de la planification du projet et de la communication avec les parties prenantes.*

Lorsque que l'on aborde les problématiques liés à la gestion des données, l'on se confronte vite à la gestion de la taxonomie d'entreprise.

Celle-ci prenant de l'ampleur, de nouveaux rôles deviennent de plus en plus important, et il va devenir commun dans les années futures que des départements liés à la gestion de la taxonomie deviennent la norme...

 **Me décrire le métier de Chief Taxonomy Officer**

Le métier de Chef Taxonomie Officer consiste à superviser la mise en place et la gestion des taxonomies d'une organisation. Les taxonomies sont des systèmes de classification qui permettent de regrouper et d'organiser les informations de manière cohérente et structurée. Le Chef Taxonomie Officer est responsable de la création, de la maintenance et de l'évolution des taxonomies de l'organisation, en veillant à ce qu'elles soient alignées sur les besoins de l'entreprise et sur les normes et standards de l'industrie.

Le Chef Taxonomie Officer travaille en étroite collaboration avec les équipes informatiques, les spécialistes du contenu et les responsables des opérations pour s'assurer que les taxonomies sont utilisées de manière cohérente et efficace dans l'ensemble de l'entreprise. Il doit également s'assurer que les utilisateurs comprennent comment utiliser les taxonomies et qu'ils sont formés à leur utilisation.

Pour occuper ce poste, il est nécessaire d'avoir une bonne compréhension des systèmes de classification et de leur utilisation pratique dans l'entreprise.

Le Chef Taxonomie Officer doit également être capable de travailler de manière autonome, d'initier des projets et de collaborer avec une variété de parties prenantes.

Enfin, il doit être en mesure de communiquer clairement et efficacement avec les autres membres de l'équipe et avec les parties prenantes de l'entreprise.

 **Me donner des précisions sur ce poste de Chef Taxonomie Officer en ce qui concerne l'IA**

Le Chef Taxonomie Officer joue un rôle important dans l'intégration de l'IA (Intelligence Artificielle) dans l'organisation. En effet, les systèmes d'IA nécessitent une structure de données bien organisée et bien classifiée pour fonctionner efficacement.

Le Chef Taxonomie Officer doit donc travailler en étroite collaboration avec les équipes de l'IA pour s'assurer que les données sont correctement structurées et que les taxonomies sont compatibles avec les algorithmes d'apprentissage automatique.

Il doit également s'assurer que les systèmes de classification sont en mesure de fournir des résultats pertinents et précis pour les tâches d'IA.

En outre, le Chef Taxonomie Officer doit également être au fait des dernières tendances et des avancées technologiques dans le domaine de l'IA. Il doit être en mesure d'évaluer l'impact de ces tendances sur les systèmes de classification de l'organisation et de proposer des stratégies pour intégrer de manière efficace les nouvelles technologies dans les processus existants.

En résumé, le Chef Taxonomie Officer doit jouer un rôle de premier plan dans la mise en place et la gestion des taxonomies pour l'IA.

Il doit travailler en étroite collaboration avec les équipes d'IA pour assurer que les données sont correctement structurées, que les systèmes de classification sont compatibles avec les algorithmes d'apprentissage automatique et que les tendances et les avancées technologiques sont intégrées efficacement dans les processus existants.

En ce qui concerne les rédacteurs sur Prompt

Ces types de nouveaux métiers peuvent payer jusqu'à 335 000$[xxiv] , mais qu'est-ce que Prompt ? Prompt est un outil d'IA développé par OpenAI qui permet aux utilisateurs de générer du texte de manière automatique en fonction de l'entrée qu'ils fournissent. Prompt peut être utilisé pour une variété de tâches, telles que la génération de texte, la traduction, la rédaction de code et bien d'autres. Le métier lié à Prompt avec l'IA est donc de fournir un outil qui utilise des modèles de langage pré-entraînés pour générer du texte en fonction de l'entrée fournie.

Usages de l'IA dans l'Armée

« Ces derniers mois, les champs de la deep tech et de l'intelligence artificielle ont largement été sous le feu des projecteurs. Face à des secteurs aux progrès fulgurants et à la compétitivité maximale, de multiples acteurs tentent de promouvoir une approche éthique de l'utilisation de ces technologies émergentes. Mais les faits s'alignent-ils avec les discours ?

En octobre 2021, lors de la présentation du plan France 2030, Emmanuel Macron affirmait : « Nous avons un point sur lequel nous sommes en difficulté (…) c'est l'investissement dans l'industrialisation des technologies de ruptures. C'est pourquoi le cinquième point sur lequel je voudrais insister (…) c'est une stratégie d'investissement dans la deep tech ». Celle-ci englobe les technologies de pointe dans de nombreux domaines : « l'intelligence artificielle » le « machines learning », la « blockchain », le « Big Data », « l'information quantique.»

Ces technologies émergentes, développées presque exclusivement par les start-up, entrent logiquement dans les sphères de compétences du monde militaire et font l'objet de compétition entre puissances. C'est pourquoi l'Organisation du Traité de l'Atlantique Nord (OTAN), a décidé d'investir ce champ dans le cadre de l'agenda **OTAN 2030**. Les membres de l'Alliance ont lancé, eux aussi en octobre 2021, l'initiative **DIANA** : un « accélérateur d'innovation de défense pour l'Atlantique Nord. » Avec un milliard d'euros en poche, le fond d'investissement multinational espère pouvoir permettre l'éclosion de champions occidentaux dans plusieurs technologies émergentes. »

À l'occasion des Rencontres du Grand Continent au Sénat, le 15 février 2023, Alice Pannier, responsable du Programme Géopolitique des technologies de l'IFRI[xxv] exposait son analyse du positionnement de l'Europe dans la rivalité technologique entre la Chine et les États-Unis.

« Les hautes technologies ont toujours été un objet politique. Historiquement, l'État, en France comme ailleurs, s'est impliqué dans le développement de technologies à des fins de capacité militaire, de prestige, et d'indépendance. Cela s'est principalement traduit par des investissements en R&D pour le développement de technologies militaires (armes complexes, munitions, navires, avions, véhicules terrestres), mais aussi de technologies habilitantes de nature duale (puissance de calcul, télécommunications, capacités spatiales).

Cet investissement de l'État a pour objectif de mettre à sa disposition des systèmes militaires correspondant aux besoins identifiés nationalement, avec une maîtrise (relative) des délais et des coûts, mais aussi de lui faire bénéficier des retombées de l'investissement en R&D de défense : soit le développement et le maintien de talents et d'une industrie de pointe bénéficiant en retour aux secteurs civils. En France, ces objectifs militaires ont permis de développer des industries dans les domaines spatial, aéronautique, informatique et de la microélectronique. Les industries de défense ont donc traditionnellement joué un rôle central dans les systèmes nationaux d'innovation, en particulier lorsqu'elles investissent dans la recherche fondamentale, débouchant sur des technologies duales. »

Cruciales pour la souveraineté des États, les technologies critiques ont toujours été l'objet d'affrontements géopolitiques pour leur appropriation. Dans la guerre des capitalismes politiques, la régulation de leur développement et de leur transfert devient une question de sécurité. Dans ce domaine — où l'Union et les États-Unis pourraient se retrouver concurrents — un consensus reste à trouver.

Les États-Unis et d'autres pays développent actuellement différentes applications d'IA pour une gamme de fonctions militaires. L'intelligence artificielle dans l'armée devient une partie importante de la guerre. Les systèmes militaires alimentés par l'IA par rapport aux systèmes conventionnels sont mieux à même de gérer efficacement la grande quantité de données.

L'IA améliore considérablement l'autorégulation, l'auto-contrôle ainsi que l'auto-activation des systèmes de combat en raison de ses excellentes capacités de prise de décision. L'IA est utilisée dans la plupart des applications militaires, et la recherche accrue des agences de recherche militaire aide à développer de nouvelles applications d'IA pour améliorer l'adoption de systèmes alimentés par l'IA dans le domaine militaire.

En février 2023[xxvi], une vraie prouesse technologique a été réalisée, une intelligence artificielle a pris les commandes d'un F-16 de l'US Air Force pour la première fois. En France, la Direction générale de l'armement (DGA) a notifié, le 24 juin 2022, la première commande du marché de réalisation de la plateforme Artemis.IA [xxvii] une solution de traitement massif de données et d'intelligence artificielle dans le but de collecter et transmettre rapidement des informations à des fins de prise de décisions.

 **Autres usages de l'IA dans la vie quotidienne ?**

Voici quelques exemples d'utilisation de l'IA dans la vie quotidienne : les smartphones, les voitures intelligentes et les drones, les flux de médias sociaux, les services de diffusion musicale et multimédia, les jeux vidéo, le réseau d'annonces en ligne, la navigation et le voyage, la banque et la finance.

L'IA est également utilisée dans des domaines tels que la sécurité des applications Web, la reconnaissance faciale, la gestion du trafic basée sur l'IA, la maintenance du réseau intelligent et même dans le domaine militaire pour élaborer des stratégies de défense et d'attaque dans des cas de piratage ou de phishing ou pour cibler des systèmes névralgiques dans des guerres cybernétiques.

Selon le texte, son influence est croissante sur notre vie quotidienne avec les opportunités et les risques qu'elle entraîne. Selon le texte, la croissance et la prospérité future de l'Europe dépendront en grande partie de la manière dont elle gérera les données et les technologies connectées. Le Parlement européen a créé une commission sur l'intelligence artificielle à l'ère numérique pour examiner l'impact de la technologie et proposer une feuille de route européenne à long terme pour l'IA. Les députés européens ont également demandé une réglementation de l'IA à l'épreuve du temps. Le texte mentionne également quelques opportunités et menaces clés liées aux futures applications de l'IA.

L'IA peut offrir de nombreux avantages aux citoyens, tels que l'accès à de meilleurs soins de santé, des voitures et d'autres modes de transport plus sûrs, ainsi que des services moins coûteux, mieux adaptés à leurs besoins et ayant une durée de vie plus longue. Elle pourrait également faciliter l'accès à l'information, à l'éducation et aux formations. Cependant, il y a aussi des risques associés à l'utilisation de l'IA qui doivent être pris en compte.

L'IA peut être utilisée pour améliorer les transports de plusieurs manières. Par exemple, elle peut être utilisée pour gérer les systèmes de trafic grâce à ses capacités de traitement, de contrôle et d'optimisation.

Afin de rendre les routes plus intelligentes, l'IA peut être appliquée à la gestion du trafic pour rationaliser le trafic. Les infrastructures complexes et divers éléments au sein des chaînes de coopération peuvent être améliorés à l'aide de l'IA grâce, par exemple, à un calendrier d'itinéraire optimal, un temps d'attente minimal, une détection du trafic en temps réel pour ajuster les itinéraires.

Les avantages de l'IA pour les citoyens

L'IA pourrait permettre aux citoyens d'accéder à de meilleurs soins de santé, des voitures et d'autres modes de transports plus surs, ainsi que des services moins couteux, mieux adaptés à leurs besoins et munis d'une plus longue durée de vie.

Elle pourrait également faciliter l'accès à l'information, l'éducation et les formations - des aspects fortement mis en avant durant la pandémie de la Covid-19.

L'IA peut aussi contribuer à rendre le milieu du travail plus sûr, puisque des robots [xxviii] peuvent être employés pour compléter des tâches dangereuses, tout en créant de nouveaux emplois avec l'expansion des entreprises utilisant l'IA.

Comment l'IA peut-elle améliorer la gestion du trafic ?

L'IA peut être utilisée pour améliorer la gestion du trafic de plusieurs manières. Par exemple, elle peut être utilisée pour développer la maintenance prédictive des équipements, améliorer la circulation des véhicules et optimiser la logistique, notamment en cas de perturbation. L'IA peut également être utilisée pour optimiser le système des feux de signalisation. Les infrastructures complexes et divers éléments au sein des chaînes de coopération peuvent être améliorés à l'aide de l'IA grâce, par exemple, à un calendrier d'itinéraire optimal, un temps d'attente minimal, une détection du trafic en temps réel pour ajuster les itinéraires.

Grâce à sa solution basée sur l'IA, la société Notraffic permet d'améliorer la gestion des carrefours. Selon ses tests, elle permet de réduire de 40 % le retard des véhicules. L'IA peut également être utilisée pour prédire et réduire de manière dynamique le risque d'accident.

Comment l'IA peut-elle améliorer la maintenance des équipements ?

L'IA peut être utilisée pour améliorer la maintenance des équipements en développant la maintenance prédictive. La maintenance prédictive utilise l'IA pour collecter, analyser et utiliser des données provenant de diverses sources de fabrication telles que des machines, des capteurs ou des interrupteurs. Les algorithmes intelligents aident les techniciens à comprendre tout risque d'erreur ou de défaillance avant qu'ils ne se produisent. Ainsi, l'IA dans la maintenance prédictive aide les entreprises à économiser de l'argent et des ressources en adaptant les routines de maintenance aux besoins de chaque équipement, plutôt que de les forcer à suivre un calendrier rigide.

Du point de vue des entreprises, l'IA peut favoriser le développement d'une nouvelle génération de produits et services, y compris dans des secteurs où les entreprises européennes occupent déjà une place importante : l'économie verte et circulaire, la machinerie, l'agriculture, la santé, la mode et le tourisme. Elle peut créer de nouvelles voies de vente, améliorer la maintenance de machines, augmenter le rendement, améliorer les services pour les consommateurs et permettre d'effectuer des économies d'énergie.

Aujourd'hui plus que jamais, grâce aux progrès scientifiques et technologiques (intelligence artificielle, informatique quantique, services connectés, véhicules autonomes, robots...[xxix]), grâce à notre imagination et à nos capacités d'adaptation, nous nous saisissons enfin de cette opportunité de rompre avec le passé et de construire un nouveau récit. « Nous tous, parmi les ruines, préparons une renaissance » comme l'écrivait magnifiquement Albert Camus dans L'homme révolté (Gallimard) en 1951.

Les impacts sur le marché du travail de technologies telles que l'IA et la robotique mettent des années à se manifester. Mais nous n'avons pas le temps de nous y préparer. Si ces technologies se déploient dans les institutions du travail d'aujourd'hui, qui ont été conçues pour le siècle dernier, nous verrons des effets similaires à ceux des dernières décennies : une pression à la baisse sur les salaires, les compétences et les avantages sociaux, et un marché du travail de plus en plus bifurqué.

Ce rapport et le groupe de travail sur le travail du futur du MIT suggèrent une meilleure alternative : construire un avenir pour le travail qui récolte les dividendes de l'automatisation en évolution rapide et d'ordinateurs toujours plus puissants pour offrir des opportunités et une sécurité économique aux travailleurs. Canaliser la hausse de la productivité résultant des innovations technologiques vers des gains largement partagés.

L'innovation rapide dans les services numériques reposant sur l'intelligence artificielle (IA) remet en question les réglementations existantes dans un large éventail de domaines politiques. L'Union européenne (UE) a poursuivi une position de leader mondial en matière de réglementation éthique de l'IA, contrairement aux approches américaines de laissez-faire et de surveillance de l'État chinois.

Sous l'influence de ce principe, la suppression des obstacles à la concurrence et à la libre circulation des données, d'une part, et la garantie d'une IA éthique et responsable, d'autre part, sont considérées comme compatibles et même se renforçant mutuellement.

Voici quelques exemples d'utilisations de l'intelligence artificielle (IA) dans la vie quotidienne :

Assistants personnels : Des assistants virtuels tels que Siri, Google Assistant ou Alexa utilisent l'IA pour comprendre et répondre aux commandes vocales, effectuer des recherches, jouer de la musique, contrôler des appareils domestiques intelligents, et plus encore.

Reconnaissance faciale : L'IA est utilisée pour la reconnaissance faciale dans de nombreux domaines, notamment pour déverrouiller les smartphones, identifier les personnes dans les photos sur les réseaux sociaux, renforcer la sécurité dans les aéroports et autres installations, et faciliter la gestion des albums photos.

Traduction automatique : Les services de traduction automatique utilisent des modèles d'IA pour traduire rapidement des textes d'une langue à une autre. Des applications et des sites web comme Google Translate utilisent l'IA pour améliorer continuellement la qualité des traductions.

Filtrage des spams : Les filtres anti-spam dans les boîtes e-mail utilisent des techniques d'apprentissage automatique pour identifier et bloquer les e-mails indésirables, tels que les pourriels et les tentatives de phishing.
Suggestions de recherche et de correction orthographique : Lorsque vous utilisez un moteur de recherche comme Google, l'IA analyse vos requêtes

> précédentes et les tendances générales pour suggérer des termes de recherche ou corriger automatiquement les erreurs d'orthographe.
>
> *Recommandations de produits et de contenu :* Les plateformes de streaming vidéo, de musique et de vente en ligne utilisent l'IA pour analyser vos préférences, votre historique de navigation et les comportements d'autres utilisateurs similaires afin de vous recommander des produits, des films, des émissions de télévision, de la musique et des articles susceptibles de vous intéresser.
>
> *Assistance médicale :* L'IA est utilisée dans des domaines tels que la détection précoce du cancer, l'interprétation d'images médicales, la recommandation de traitements, la surveillance des signes vitaux et la création de plans de traitement personnalisés.
>
> *Conduite autonome :* Les véhicules autonomes utilisent des algorithmes d'IA pour analyser leur environnement, détecter les objets et prendre des décisions en temps réel pour assurer une conduite sûre.
>
> *Ces exemples ne sont qu'une petite sélection des nombreuses applications de l'IA dans la vie quotidienne. L'IA continue d'évoluer et d'apporter de nouvelles innovations dans divers domaines pour faciliter notre quotidien.*

De nombreux exemples d'utilisation de l'IA existent en voici un petit aperçu :

Les Chatbots : que penser d'un marché mondial en forte croissance, 994M de dollars en 2023 - Les chatbots sont chaque jour un peu plus présents dans la relation client et la croissance de ces outils ne fait que débuter... Notamment celui de ChatGPT et de ses infinies possibilités avec ses API.) voir les références en fin du livre pour les urls.[xxx]

Une intelligence artificielle de qualité pour Bloomberg.

Bloomberg se considère déjà comme un groupe ayant mis en ligne "le plus grand ensemble de données spécifiques à un domaine jamais construit", rappellent Les Échos. Et ce "BloombergGPT" pourrait déjà "surpasser les modèles existants dans la finance". Le site d'information espère en tout cas se démarquer grâce à ses données très précises, contrairement à ChatGPT qui se base sur un éventail très large et peut donc générer des erreurs. Bloomberg dit vouloir se baser sur des documents "incluant des actualités, des communiqués de presse, des documents récupérés sur le web, et des messages sur les réseaux sociaux tirés des archives". Mais également sur des données publiques.[xxxi]

La finance avec : JPMorgan développe un service d'IA de type ChatGPT qui donne des conseils d'investissement.

JPMorgan Chase développe un service logiciel de type ChatGPT qui s'appuie sur une forme perturbatrice d'intelligence artificielle pour sélectionner les investissements des clients. La société a déposé une demande de marque pour un produit appelé IndexGPT plus tôt ce mois-ci, selon un dossier de la banque basée à New York. "C'est un programme d'intelligence artificielle pour sélectionner des titres financiers", a déclaré l'avocat des marques Josh Gerben. "Cela me semble qu'ils essaient de mettre mon conseiller financier en faillite."[xxxii]

L'IA devient un collègue d'entreprise indispensable et fiable :

L'Intelligence Artificielle (IA) devient un collègue d'entreprise indispensable et fiable. Selon une enquête de Forrester publiée en 2022, 73 % des décideurs dans le domaine des données et de l'analytique développent des technologies d'IA, et 74 % d'entre eux constatent un impact positif dans leur entreprise. De plus en plus d'entreprises parviennent à mettre en œuvre les principes fondamentaux de l'IA, ce qui entraîne une augmentation progressive des cas d'utilisation horizontaux et verticaux qui transforment la manière dont les entreprises exécutent leurs fonctions essentielles, du codage à la génération de contenu.

Les entreprises de toutes tailles et de tous secteurs peuvent tirer parti de plusieurs opportunités offertes par le développement logiciel et la génération de contenu soutenus par l'IA, tels que la réduction des délais dans le secteur de la santé, la confiance accrue des utilisateurs interagissant avec des agents virtuels, et des rapports de gouvernance réfléchis.

En 2023, Forrester prévoit les évolutions suivantes :

Les TuringBots écriront 10 % du code et des tests dans le monde entier : Les TuringBots, des IA utilisant des modèles de langage et l'apprentissage par renforcement pour écrire du code, sont déjà utilisés pour les tests logiciels. En 2023, ils devraient prendre en charge davantage d'aspects du cycle de vie du développement logiciel. Des outils tels que Amazon Code-Whisperer, CodeBot, GitHub Copilot et Tabnine sont de plus en plus intégrés aux outils des développeurs, simplifiant leur utilisation et leur intégration dans le processus de développement.

10 % des entreprises du classement Fortune 500 utiliseront des outils d'IA pour générer du contenu : Étant donné que la création de contenu humain ne peut pas répondre suffisamment rapidement à la demande de contenu personnalisé, au moins 10 % des entreprises devraient investir dans la création de contenu numérique soutenu par l'IA.

Des modèles de langage pré-entraînés tels que BERT et GPT-3 sont utilisés pour accélérer la génération de contenu vidéo et texte. Des entreprises comme Baidu et Huawei ont déjà lancé des services de contenu numérique basés sur la vision par ordinateur, et des start-ups utilisent l'IA pour générer du contenu vidéo. Des outils de conversion de texte en image tels que Dall-E mini et Stable Diffusion permettent aux créateurs de contenu de générer rapidement du contenu de différents types.

Un quart des dirigeants technologiques devront rendre compte de la gouvernance de l'IA à leur conseil d'administration : En raison des réglementations et du besoin de confiance dans l'IA, environ un quart des directeurs des systèmes d'information (DSI) et des directeurs de la technologie (CTO) se verront confier la responsabilité de la gouvernance de l'IA.

La gouvernance de l'IA deviendra un domaine traité par le conseil d'administration, tout comme la cybersécurité et la conformité. Les réglementations seront plus strictes dans des secteurs tels que les services financiers et la santé, et des pays comme l'Europe seront en tête en matière de réglementation. Les rapports au conseil d'administration couvriront des aspects tels que l'explicabilité de l'IA, les audits de l'équité des décisions algorithmiques à fort impact et les effets de l'IA sur l'environnement. Des partenaires tels qu'Accenture, BCG, Deloitte, EY et McKinsey proposent déjà des formations sur la gouvernance de l'IA.

Les futurs responsables technologiques devront assumer leur rôle de gouvernance de l'IA et appliquer une stratégie technologique éthique dans toute l'organisation.

Dans le secteur de la santé, l'utilisation de l'intelligence artificielle (IA) du côté des consommateurs permettra de réduire le temps de soins de 25 %. Des entreprises comme Walgreen et Nuance collaborent pour mettre en place une planification intelligente des rendez-vous de vaccination COVID-19, disponible 24h/24 et 7j/7.

De même, Minute Clinic de CVS s'est associée à Google pour permettre aux personnes de prendre rendez-vous le jour même via la recherche Google. En 2023, l'IA sera utilisée pour optimiser les workflows de planification en prenant en compte la couverture d'assurance, le diagnostic, la localisation, la disponibilité et les risques d'annulation. Les données ainsi collectées seront utilisées par les entreprises pour compenser les pertes financières causées par les annulations de dernière minute. Les systèmes intelligents contacteront les patients sur liste d'attente en fonction de leur probabilité de réponse, ce qui réduira de 25 % le temps d'attente moyen avant de voir un médecin (actuellement de 20,6 jours).

Ce progrès sera conduit par le secteur de la santé du côté des consommateurs et exercera une pression sur les organismes de soins de santé traditionnels pour améliorer l'expérience des patients. Les cabinets médicaux traditionnels devront investir dans des logiciels de planification basés sur l'IA pour rester compétitifs.

Les entreprises abandonneront les systèmes qui prétendent être des humains et opteront plutôt pour des assistants virtuels afin de renforcer la confiance. Dans le secteur B2B, les solutions d'IA conversationnelle deviennent de plus en plus importantes pour gérer l'ensemble du cycle de vie client, permettant aux acheteurs, aux clients et aux employés de traiter des échanges d'informations et une logique métier plus complexes.

Actuellement, 65 % des spécialistes marketing B2B utilisant l'automatisation des conversations recourent à des assistants virtuels basés sur l'IA pour interagir avec les clients et les employés. Dans certains cas, ces assistants virtuels se font passer pour des humains, ce qui peut susciter un sentiment de manipulation chez le client.

Pour maintenir la confiance des clients, les entreprises investiront dans le développement de personnages pour ces assistants virtuels, clairement identifiés comme tels. En 2023, les entreprises poursuivront leurs essais avec ces personnages d'IA en tant qu'éléments de leur marque, afin de différencier ces interactions conversationnelles en étant respectueuses et logiques vis-à-vis du client. Cette transparence contribuera à accroître la confiance des clients envers la marque et des utilisateurs finaux de la technologie envers l'IA au cours des deux prochaines années.

Source : Prévisions 2023 : Intelligence artificielle (forrester.com) voir les références en fin du livre pour les urls. [xxxiii]

Commencez à planifier dès aujourd'hui les nouveautés de demain

Utilisez les études suivantes, menées par les auteurs de ces prévisions, pour vous guider sur le chemin de la réussite en 2023.) voir les références en fin du livre pour les urls. [xxxiv]

- Renforcez la confiance des intervenants dans l'intelligence artificielle
- Prévision internationale des logiciels d'IA, 2022
- Panorama des fournisseurs de services d'IA, T3 2022

Pour finir pour ceux qui veulent en savoir plus

Boîte à outils pour passer au numérique La boîte à outils Going Digital aide les pays à évaluer leur état de développement numérique et à formuler des politiques en conséquence. L'exploration et la visualisation des données sont des caractéristiques clés de la boîte à outils.) voir les références en fin du livre pour les urls . [xxxv]

Conséquences de tout ceci :

« L'évolution rapide de l'intelligence artificielle a amené les plus grandes économies du monde à formuler des stratégies ambitieuses pour tirer parti des potentiels économiques, géopolitiques et autres de ce domaine technologique émergeant. L'Union européenne a été largement considérée comme un acteur lent et réactif dans ce contexte, mais avec une activité réglementaire étendue et complète depuis 2017 environ, l'image actuelle est plutôt celle d'un effort ciblé et ambitieux pour concourir au leadership mondial.

La réglementation de l'UE sur l'IA couvre un large éventail de domaines politiques, avec la concurrence géopolitique ("souveraineté technologique"), les droits de l'homme et la protection des consommateurs, la santé publique et le progrès social et politique parmi les questions les plus saillantes.

Notre principale conclusion dans cet chapitre est que l'intégration du marché unique joue un rôle de connexion et de synthèse dans bon nombre de ces domaines d'activité réglementaire par ailleurs très différents. La littérature existante a abordé le sujet principalement dans une perspective d'avenir imaginaire et a souligné la coexistence difficile de potentiels économiques et politiques éthiquement sains par rapport aux nouvelles sources de violations des droits de l'homme et des consommateurs par les grandes technologies, les États étrangers ou d'autres acteurs.

Notre conclusion ne rejette en aucun cas ces conclusions, mais les replace plutôt dans le cadre juridique de l'intégration du marché unique dans l'UE. Là où certains voient les réponses réglementaires européennes à l'IA comme des images de l'Occident (Aho et Duffield, 2020 : 208), notre analyse révèle une ligne beaucoup plus ambitieuse et complète. De plus, notre analyse suggère que la récente agitation réglementaire de l'UE reflète plus qu'une antinomie universelle entre les avantages et les risques des nouvelles technologies, ressuscitée par la récente augmentation de la puissance de calcul, des techniques d'apprentissage automatique et de la disponibilité des données (Calo, 2017).

Plus précisément, notre analyse met en évidence des problèmes profondément ancrés d'intégration des marchés intégrés dans le cadre juridique constitutionnel de l'UE à travers lequel de nouveaux défis, tels que ceux liés à l'IA, sont abordés. Plutôt qu'une simple cohérence idéologique (par exemple néolibérale), ces problèmes discursifs inscrits dans le projet de l'UE sont exactement cela - des problèmes, produisant des tensions, des incertitudes et des contradictions, laissant place à des développements politiques parfois paradoxaux et à une multiplicité de voix, tout en servant également de moteur pour la production de nouvelles réponses. En effet, le paradoxe n'engendre pas seulement la contrainte, mais aussi le dynamisme.

Nous avons vu comment l'UE parvient à lier étroitement les préoccupations relatives aux droits de l'homme, à la croissance économique et à l'intégration du marché unique, étant donné que l'intégration du marché est assortie de motifs éthiques (croissance, richesse, sécurité géopolitique, progrès social et politique) et que la vie privée est souvent encadrée par une logique contractuelle de marché (consentement, transparence, protection des consommateurs).

Nous voyons un grand intérêt pour les recherches futures explorant davantage les paradoxes du marché dans l'UE et leur effet sur la réglementation à travers une focalisation comparative sur les modèles récurrents de controverse techno politique et sur des périodes plus longues et des gammes plus larges de domaines socio-économiques.

XII. Conclusions et réflexions

Il est important de s'interroger sur la capacité de l'intelligence artificielle à remplacer les humains dans le monde du travail. Bien que l'IA puisse améliorer et automatiser certaines tâches, elle ne pourra pas remplacer les compétences humaines telles que la créativité, l'empathie et la capacité à résoudre des problèmes complexes.

En fin de compte, il faut souligner que les humains ont une grande capacité d'adaptation et que l'IA sera un outil que nous apprendrons à utiliser, tout comme nous avons appris à utiliser d'autres technologies.

Il faudra se concentrer sur l'importance de l'anticipation et de l'analyse de l'information, en utilisant à la fois l'intelligence humaine, artificielle et collective pour fournir les meilleures informations d'affaires.

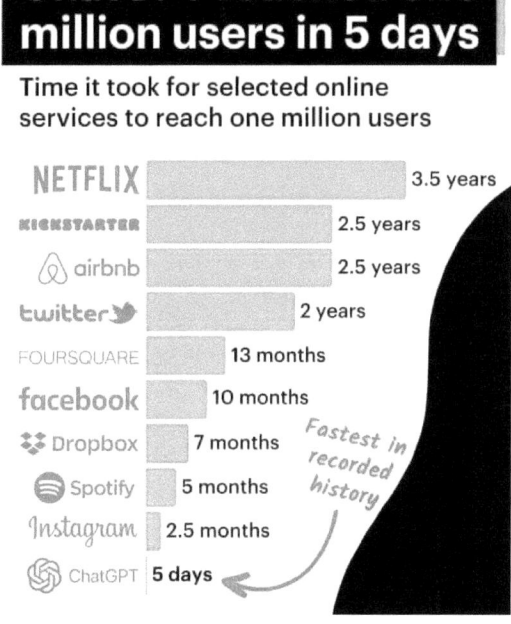

Diffusion de ChatGPT dans le monde en 5 jours.

 **Peut-on parler de disruption en ce qui concerne ChatGPT ?**

On peut argumenter que la création et l'utilisation de ChatGPT est une forme de disruption dans l'industrie de la technologie de l'information et de la communication. ChatGPT est un modèle de traitement du langage naturel basé sur l'intelligence artificielle qui peut générer des réponses conversationnelles à partir de données d'entraînement.

La technologie ChatGPT peut potentiellement perturber l'industrie des centres d'appels et des agents de service client, car elle est capable de répondre à un large éventail de questions de manière cohérente et précise, réduisant ainsi la nécessité d'avoir des agents humains pour répondre aux demandes des clients.

De plus, ChatGPT peut améliorer l'expérience utilisateur en fournissant des réponses rapides et précises à tout moment, tout en permettant aux entreprises de réduire les coûts associés au service client.

ChatGPT est également utilisé dans d'autres domaines tels que la recherche, l'éducation, la finance, le marketing, la médecine et bien d'autres, où il peut être utilisé pour automatiser des tâches ou pour améliorer les processus de prise de décision en offrant une analyse de texte avancée et en fournissant des informations précises en temps réel.

En fin de compte, ChatGPT peut être considéré comme une forme de disruption car il offre une nouvelle façon de répondre aux besoins des utilisateurs et des entreprises, tout en introduisant des innovations significatives dans l'industrie de la technologie de l'information et de la communication.

Les droits humains sont "gravement menacés" par l'intelligence artificielle, selon les dires de l'ONU.

L'ONU s'inquiète. Les récentes avancées en matière d'intelligence artificielle (IA) représentent une grave menace pour les droits humains, a alerté le Haut-Commissaire des Nations unies aux droits de l'Homme. "Je suis profondément troublé par le potentiel de nuisance des récentes avancées en matière d'intelligence artificielle", a déclaré Volker Türk, dans un bref communiqué, avant de réclamer la mise en place de "garde-fous efficaces".

Plusieurs pays ont appelé à réguler l'utilisation de l'IA dans le domaine militaire en raison des risques de "conséquences non souhaitées". L'IA est également présente dans notre vie quotidienne, offrant des avantages mais présentant également des risques tels que les violations de la vie privée et les algorithmes biaisés qui nécessitent une régulation difficile à mettre en place en raison de la rapidité des progrès technologiques.

Microsoft a pris une longueur d'avance en misant des milliards de dollars sur ChatGPT, qui est susceptible de révolutionner la recherche sur internet et d'autres domaines encore à inventer.

L'arrivée de ChatGPT a marqué la naissance de l'ère moderne de l'IA à l'échelle mondiale (le siècle dernier nous écoutons Marvin MINSKY sur ce sujet au MIT).

Après que l'annonce de Microsoft sur son intégration dans Edge et Bing, d'autres entreprises comme Google ont commencé à partager leurs propres travaux autour de la technologie. Une poignée d'entreprises chinoises auraient également recherché et développé leurs propres projets de type ChatGPT. Avec cela, Microsoft a réalisé que la seule façon de rester au top de ce jeu est d'aller de l'avant et d'appliquer ChatGPT dans d'autres domaines, notamment la robotique.

Cette nouvelle ère de l'IA en est à ses débuts. Les opportunités sont immenses et c'est une grande chance, mais il sera essentiel d'aller de l'avant avec un état d'esprit de croissance et une approche responsable. Cette nouvelle ère de l'IA en est à ses débuts. Les opportunités sont extraordinaires.

"Je suis un techno-optimiste. Je pense que cela peut faire des choses incroyables pour nous », déclare Spataro. « Mais soyons transparents, soyons ouverts, soyons humbles. Ne pensons pas que nous allons tout changer d'un seul coup, ou que nous allons tout comprendre tout de suite. L'expérimentation et l'apprentissage sont essentiels et permettront de mieux comprendre comment utiliser l'IA de manière efficace et responsable. Les technologies qui changent le cours de l'histoire humaine sont celles qui amplifient l'ingéniosité, jetant les bases de l'essor de l'innovation.

C'est un nouveau monde qui se met en place avec de nouveaux métiers. Une gouvernance nouvelle arrive, faut-il savoir exploiter le modèle et ne pas laisser totalement l'IA prendre les décisions à notre place (Gerd Gigerenzer[xxxvi]).

Les droits humains contre les droits de l'homme ?

« Enfin, du point de vue sémantique l'expression « droits humains » invoque en quelque sorte « l'humanité », la totalité de l'espèce humaine. Alors que les « droits de l'Homme » portent bien sur l'Homme (et la femme) en tant qu'individu. Et cela change tout. Les idéologies les plus mortifères valorisent toujours une humanité heureuse à venir, quitte à sacrifier l'individu d'aujourd'hui.

Tout l'inverse de l'approche défendue par la déclaration universelle des droits de l'Homme. En effet, ce qui fait la force de ce texte c'est qu'il invoque bien des droits qui s'adressent à chacun en tant qu'individu et non à une humanité abstraite. Voilà pourquoi il me semble indispensable de revenir aux « Droits de l'Homme ». Certes ce texte est complexe, exigeant, mais il porte des valeurs essentielles qui ne méritent pas d'être édulcorées, même avec les meilleurs sentiments. » Emmanuel Bloch (Cercle K2[xxxvii]).

Le temps va vite, les évolutions de l'AI sont ultra rapide, quand nous aurons terminé ce livre les ruptures avec le modèle d'origine seront patentes. Les améliorations seront importantes.

L'intégration de l'IA dans l'économie a des effets significatifs tels que l'automatisation des emplois, l'amélioration de la précision, la réduction des coûts, la personnalisation et l'innovation. Toutefois, les effets réels dépendent de la manière dont l'IA est utilisée et mise en œuvre dans différents secteurs.

La stratégie européenne pour les données reconnaît que les données sont au cœur de la transformation numérique de l'économie et de la société, et que l'innovation fondée sur les données peut apporter des avantages considérables aux particuliers. Cependant, la collecte et l'utilisation des données doivent placer les intérêts des individus en première place, conformément aux valeurs, aux droits fondamentaux et aux règles de l'Union européenne. Les données à caractère non personnel devraient être accessibles à tous, publics ou privés, afin que la société puisse tirer le meilleur parti de l'innovation et de la concurrence, et que chacun puisse bénéficier d'un dividende numérique.

L'UE peut devenir un modèle de premier plan pour une société à laquelle les données confèrent les moyens de prendre de meilleures décisions, tant dans les entreprises que dans le secteur public. Pour y parvenir, l'UE doit agir maintenant et s'attaquer de manière concertée à des questions allant de la connectivité au traitement et au stockage des données en passant par la puissance de calcul et la cybersécurité, tout en améliorant ses structures de gouvernance pour le traitement des données et en augmentant ses réserves communes de données de qualité disponibles pour l'utilisation et la réutilisation.

L'objectif ultime est de tirer parti des avantages d'une meilleure utilisation des données, notamment une productivité accrue, des marchés plus concurrentiels, des améliorations dans les domaines de la santé et du bien-être, de l'environnement, une gouvernance transparente et des services publics efficaces.

Une stratégie européenne pour les données dont l'ambition est de permettre à l'UE de devenir l'économie habile à tirer parti des données la plus attrayante, la plus sûre et la plus dynamique du monde, en donnant à l'Europe les moyens d'agir à l'aide de données permettant d'améliorer ses décisions et de rehausser les conditions de vie de tous ses citoyens.

Les enjeux sont importants, étant donné que l'avenir technologique de l'UE dépend de sa réussite à exploiter ses atouts et à saisir les possibilités qu'offre l'augmentation continue de la production et de l'utilisation des données. Un mode européen de traitement des données permettra de disposer de davantage de données pour relever les défis de société et pour les utiliser dans l'économie, tout en respectant et en promouvant nos valeurs communes européennes.

Afin d'assurer son avenir numérique, l'UE doit saisir l'occasion qui lui est offerte par l'économie fondée sur les données. (Une stratégie européenne pour les données[xxxviii])

Le mot ou plutôt la question de fin, doit-on créer comme Isaac ASIMOV l'a fait une loi pour l'IA ?

La première loi énonce que l'intelligence artificielle ne peut porter atteinte à un être humain ni, en restant passive, permettre qu'un être humain soit exposé au danger.

Cela signifie que l'intelligence artificielle doit prendre en compte la sécurité et le bien-être des êtres humains dans toutes ses actions et décisions. *Cette loi met en avant la responsabilité de l'Intelligence Artificielle envers les êtres humains (conscience de l'IA).*

La deuxième loi stipule que l'intelligence artificielle doit obéir aux ordres qui lui sont donnés par un être humain, sauf si de tels ordres entrent en conflit avec la première loi.

Cela suggère que l'Intelligence Artificielle doit suivre les instructions des êtres humains qui l'utilisent, sauf si cela met en danger la vie ou la sécurité des êtres humains (capacité d'analyse et de prise de décisions prédéfinies). *Cette loi met en avant la responsabilité et l'obéissance de l'Intelligence Artificielle envers les êtres humains (à nouveau la conscience de l'IA).*

La troisième loi indique que l'intelligence artificielle doit protéger son existence tant que cette protection n'entre pas en conflit avec la première ou la deuxième loi.

Cela indique que l'Intelligence Artificielle doit être consciente de sa propre existence et de sa propre sécurité, mais cela ne doit pas mettre en danger les êtres humains ou les ordres qui lui sont donnés (sécurité et prise en compte d'elle-même d "IA").

Ces lois sont importantes pour la conception et l'utilisation de l'Intelligence Artificielle, car elles soulignent la nécessité de mettre en place des mécanismes de sécurité et de responsabilité pour éviter les erreurs et les accidents qui pourraient mettre en danger les êtres humains.

Cependant, il est important de noter que ces lois ne sont pas parfaites et qu'elles doivent être examinées et adaptées en fonction de l'évolution de la technologie et de la société.

Une question va se pose comment programmer la conscience de l'IA ?

… A suivre

Un dernier point de vue de ChatGPT sur le sujet abordé ci-dessus.

Le sujet que vous développez concerne la question de savoir s'il est nécessaire de créer des lois pour encadrer l'intelligence artificielle (IA), à l'instar de ce qu'a fait Isaac Asimov dans ses œuvres de science-fiction.
Les lois de la robotique d'Asimov sont souvent citées comme un exemple de cadre éthique pour guider le comportement des IA.

Le sujet que vous développez concerne la question de savoir s'il est nécessaire de créer des lois pour encadrer l'intelligence artificielle (IA), à l'instar de ce qu'a fait Isaac Asimov dans ses œuvres de science-fiction. Les lois de la robotique d'Asimov sont souvent citées comme un exemple de cadre éthique pour guider le comportement des IA.

La première loi de la robotique d'Asimov stipule que l'IA ne peut nuire à un être humain ni permettre qu'un être humain soit exposé au danger. Cela signifie que l'IA doit prendre en compte la sécurité et le bien-être des êtres humains dans toutes ses actions et décisions. Cette loi met en avant la responsabilité de l'IA envers les êtres humains et implique une certaine forme de conscience de soi pour l'IA.

La deuxième loi indique que l'IA doit obéir aux ordres donnés par un être humain, sauf si ces ordres entrent en conflit avec la première loi. Cela souligne la nécessité pour l'IA de suivre les instructions des êtres humains, sauf si cela met en danger la vie ou la sécurité des êtres humains. Cette loi met en avant la responsabilité et l'obéissance de l'IA envers les êtres humains.

La troisième loi stipule que l'IA doit protéger son existence tant que cette protection n'entre pas en conflit avec la première ou la deuxième loi. Cela signifie que l'IA doit être consciente de sa propre existence et de sa propre sécurité, sans compromettre la sécurité des êtres humains ou les ordres qui lui sont donnés.

Ces lois sont importantes pour la conception et l'utilisation de l'IA, car elles soulignent la nécessité de mettre en place des mécanismes de sécurité et de responsabilité pour éviter les erreurs et les accidents qui pourraient mettre en danger les êtres humains.

Elles servent de guide éthique pour les concepteurs et les utilisateurs de l'IA, en mettant l'accent sur la prise en compte de la sécurité et du bien-être des êtres humains.

Cependant, il convient de noter que ces lois sont des créations de fiction et qu'elles ne sont pas parfaites. Dans la réalité, programmer une conscience ou une conscience de soi dans une IA est un défi complexe et controversé.

La conscience humaine est un sujet philosophique et scientifique encore mal compris, et reproduire cette conscience dans une machine soulève de nombreuses questions éthiques et techniques.

La création d'une conscience artificielle soulèverait des problèmes tels que la nature de cette conscience, les droits et responsabilités qui y sont associés, ainsi que les implications éthiques de conférer une telle conscience à une entité artificielle.

Actuellement, la majorité des systèmes d'IA sont conçus pour accomplir des tâches spécifiques sans conscience ou conscience de soi.

Cependant, des recherches sont en cours dans le domaine de l'intelligence artificielle générale (IAG) qui vise à développer des systèmes d'IA plus autonomes et conscients.

En conclusion, *les lois d'Asimov fournissent un cadre intéressant pour guider l'utilisation de l'IA et souligner l'importance de la sécurité et de la responsabilité envers les êtres humains.*

Cependant, la programmation d'une véritable conscience de l'IA soulève des défis complexes et nécessite une réflexion approfondie sur les implications éthiques et techniques.

Voir les projets permettant d'atténuer les risques des modèles d'IA classés comme "Systèmes d'IA à usage général", réf. dans les notes de fin de ce livre :

GPAIS [xxxix] et l'Artificial Intelligence Act. [xl]

Les systèmes d'IA à usage général, également appelés systèmes d'IA générale ou systèmes d'IA tout usage, font référence à des modèles d'IA qui sont conçus pour effectuer un large éventail de tâches intellectuelles, souvent à un niveau comparable ou supérieur à celui des humains. Ces modèles ont un grand potentiel, mais ils présentent également des risques significatifs en raison de leur capacité à générer des résultats imprévisibles ou indésirables. Pour atténuer ces risques, plusieurs projets et initiatives sont en cours. Voici quelques exemples :

Transparence et explicabilité : L'un des défis liés aux systèmes d'IA à usage général est leur opacité et leur manque d'explicabilité. Des efforts sont déployés pour développer des techniques permettant de comprendre et d'expliquer les décisions prises par ces systèmes. Cela inclut la recherche sur l'interprétabilité des modèles d'IA, la transparence des algorithmes utilisés et l'identification des biais potentiels.

Vérification et validation : Étant donné la complexité des systèmes d'IA à usage général, il est essentiel de développer des méthodes de vérification et de validation rigoureuses pour s'assurer de leur fiabilité et de leur sécurité. Cela peut inclure des tests approfondis, des simulations, des audits de sécurité et des mécanismes de conformité pour garantir que ces systèmes fonctionnent conformément aux attentes.

Éthique de l'IA : Les projets visant à atténuer les risques des systèmes d'IA à usage général mettent également l'accent sur les considérations éthiques. Il s'agit d'établir des lignes directrices et des normes éthiques pour guider le *développement et l'utilisation de ces systèmes. Cela comprend la prise en compte des préoccupations relatives à la vie privée, aux biais algorithmiques, à l'équité et à la responsabilité des systèmes d'IA.*

Réglementation et gouvernance : *Les organismes gouvernementaux et les institutions internationales s'intéressent de plus en plus à la réglementation des systèmes d'IA à usage général. Des projets sont en cours pour élaborer des politiques, des cadres juridiques et des mécanismes de gouvernance adaptés pour encadrer le développement, le déploiement et l'utilisation de ces systèmes.*

Collaboration et partage des connaissances : *Une approche clé pour atténuer les risques des systèmes d'IA à usage général est la collaboration entre les chercheurs, les développeurs, les décideurs politiques et les parties prenantes concernées. Cela favorise le partage des connaissances, l'échange d'expertise et la mise en commun des ressources pour relever les défis communs liés à ces systèmes.*

Il convient de noter que ces projets sont en évolution constante, et de nombreux acteurs, tels que les universités, les entreprises technologiques, les organisations de recherche et les gouvernements, sont engagés dans ces efforts pour atténuer les risques des systèmes d'IA à usage général.

XIII. Glossaire

Termes	Définitions
Glossaire technique de ChatGPT	
Modèle de langage	Un modèle de langage est un algorithme qui peut prédire la probabilité d'apparition d'un mot donné, en fonction du contexte dans lequel il est utilisé.
Réseau de neurones	Un réseau de neurones est un ensemble d'algorithmes qui sont conçus pour fonctionner de manière similaire à un cerveau humain. Ces réseaux sont souvent utilisés pour la reconnaissance de motifs, la prédiction et la classification de données.
Entraînement	L'entraînement d'un modèle de machine learning consiste à lui apprendre à reconnaître des motifs à partir d'un ensemble de données d'entraînement.
Fine-tuning	Le fine-tuning est une technique utilisée pour adapter un modèle de machine learning existant à une tâche spécifique, en ajustant les poids et les biais du modèle pour qu'il soit plus adapté à cette tâche.
Apprentissage non supervisé	L'apprentissage non supervisé est une méthode d'apprentissage automatique dans laquelle le modèle doit apprendre à reconnaître les schémas et les structures dans les données sans être supervisé.
Traitement du langage naturel	Le traitement du langage naturel (NLP) est une branche de l'intelligence artificielle qui se concentre sur la compréhension et la génération de langage naturel par les machines.
Transformers	Les Transformers sont une architecture de réseau de neurones qui ont été développées pour le traitement du langage naturel. Ils ont été largement utilisés dans des modèles de génération de texte tels que GPT-2 et GPT-3.

Glossaire technique de Gymnasium

Graphique de calcul	Un graphique de calcul est une représentation graphique des calculs qui doivent être effectués dans un réseau de neurones.
Tenseur	Un tenseur est une généralisation d'un vecteur ou d'une matrice à plusieurs dimensions. Les tenseurs sont couramment utilisés dans les réseaux de neurones.
Opération de gradient	Une opération de gradient est une opération qui calcule le gradient d'une fonction par rapport à ses entrées. Les opérations de gradient sont utilisées pour entraîner des réseaux de neurones à l'aide de la descente de gradient.
Descente de gradient	La descente de gradient est une méthode d'optimisation utilisée pour ajuster les poids et les biais d'un réseau de neurones. Cette méthode consiste à trouver la direction dans laquelle la fonction de perte diminue le plus rapidement, et à ajuster les paramètres en conséquence.
Fonction de perte	La fonction de perte est une fonction qui mesure l'écart entre la sortie d'un modèle de réseau de neurones et les valeurs attendues. Cette fonction est utilisée pour entraîner le modèle.
Batch	Un batch est un ensemble d'exemples d'entraînement qui sont traités simultanément dans un réseau de neurones.
Epoch	Une epoch est une passe complète à travers l'ensemble des données d'entraînement lors de l'entraînement d'un réseau de neurones.

Glossaire technique pour Codex

Génération de texte	le processus par lequel un modèle de langage génère du texte de manière autonome, en utilisant une certaine quantité d'informations en entrée.
Codage	le processus par lequel l'information est encodée sous forme de vecteurs ou de tenseurs, afin de

	permettre son traitement par des algorithmes de machine learning.
Décodage	le processus inverse du codage, par lequel les vecteurs ou les tenseurs sont convertis en informations compréhensibles pour les humains.
Attention	un mécanisme utilisé dans les réseaux de neurones pour donner plus ou moins de poids à différentes parties d'une entrée en fonction de leur pertinence pour la tâche en cours.
Prédiction	l'acte de prédire une sortie pour une entrée donnée en utilisant un modèle de machine learning. Dans le contexte de Codex, la prédiction est la génération de code à partir d'un contexte d'entrée.
Entraînement non supervisé	une technique d'apprentissage automatique dans laquelle un modèle est entraîné sur des données non étiquetées, sans connaître les sorties attendues.

Glossaire technique pour l'IA

Apprentissage automatique (Machine Learning)	Un sous-domaine de l'IA qui se concentre sur l'élaboration de techniques permettant aux machines d'apprendre à partir de données et d'améliorer leurs performances sans être explicitement programmées.
Réseau neuronal	Un modèle computationnel inspiré du fonctionnement du cerveau humain, composé de couches de neurones interconnectés qui traitent l'information en effectuant des calculs sur les données en entrée.
Apprentissage supervisé	Une approche d'apprentissage automatique où un modèle est formé à partir de données étiquetées, c'est-à-dire des données où les réponses attendues sont fournies, afin de prédire des valeurs pour de nouvelles données.
Apprentissage non supervisé	Une approche d'apprentissage automatique où un modèle est formé à partir de données non

	étiquetées, sans avoir d'informations sur les réponses attendues, afin de découvrir des structures et des motifs intrinsèques dans les données.
Réseau de neurones convolutif (CNN)	Un type spécifique de réseau neuronal qui est particulièrement efficace pour l'analyse et la compréhension des données visuelles, en utilisant des couches de convolution pour extraire des caractéristiques des images.
Réseau de neurones récurrents (RNN)	Un type de réseau neuronal capable de traiter des données séquentielles en utilisant des boucles récurrentes qui permettent au réseau de conserver des informations sur les états précédents et de prendre en compte le contexte.
Apprentissage par renforcement	Une approche d'apprentissage automatique où un agent interagit avec un environnement et apprend à prendre des décisions en recevant des récompenses ou des punitions en fonction de ses actions, afin de maximiser les récompenses obtenues.
Prétraitement des données	L'étape de préparation des données avant leur utilisation dans un modèle d'IA, qui peut inclure des opérations telles que le nettoyage des données, la normalisation, la réduction de dimension, etc., afin d'améliorer la qualité et la pertinence des données.
Validation croisée (Cross-validation)	Une technique utilisée pour évaluer les performances d'un modèle d'apprentissage automatique en divisant les données disponibles en ensembles d'entraînement et de validation, permettant ainsi de mesurer la capacité du modèle à généraliser sur de nouvelles données.
Surapprentissage (Overfitting)	Une situation où un modèle d'apprentissage automatique s'est trop adapté aux données d'entraînement spécifiques et ne parvient pas à généraliser correctement sur de nouvelles données, entraînant ainsi une performance médiocre.

Apprentissage en ligne (Online learning)	Un mode d'apprentissage automatique où un modèle est mis à jour en temps réel à mesure que de nouvelles données deviennent disponibles, ce qui permet une adaptation continue et une prise de décision réactive.

Glossaire technique pour DALLE d'OpenAI

DALLE	Acronyme de "Distributed Automated Language and LEdger" qui fait référence à un modèle d'intelligence artificielle développé par OpenAI. DALLE est capable de générer des images à partir de descriptions textuelles et d'apprendre à reconstruire des images à partir de parties manquantes.
Génération d'images	Capacité d'un modèle à générer des images réalistes à partir de descriptions textuelles. DALLE utilise un mécanisme d'attention pour aligner le texte et les pixels des images, permettant ainsi la génération de nouvelles images basées sur les descriptions.
Mécanisme d'attention	Un composant clé de DALLE qui permet au modèle de se concentrer sur des parties spécifiques des descriptions textuelles et des images en attribuant des poids à différentes parties de l'information. Cela permet de capturer les relations contextuelles importantes lors de la génération d'images.
Apprentissage par renforcement	Une approche d'apprentissage automatique où un modèle est entraîné à travers des interactions avec un environnement, recevant des récompenses ou des punitions en fonction de ses actions. Dans le cas de DALLE, l'apprentissage par renforcement peut être utilisé pour guider la génération d'images en fonction d'objectifs spécifiques.
Pré-entraînement	Une étape initiale dans l'apprentissage de DALLE où le modèle est entraîné sur de grandes quantités de données non annotées, telles que des images et

	des descriptions textuelles, pour apprendre des représentations utiles et générales. Cette étape permet d'initialiser le modèle avant d'effectuer un entraînement plus spécifique à une tâche.
Fine-tuning	Une étape supplémentaire après le pré-entraînement, où le modèle DALLE est affiné sur un ensemble de données spécifique à une tâche. Le fine-tuning permet au modèle d'apprendre à générer des images cohérentes et de haute qualité pour une tâche spécifique, en utilisant des exemples annotés.
Tâche de génération d'images textuelles	La tâche principale de DALLE, qui consiste à générer des images à partir de descriptions textuelles. Le modèle apprend à associer les informations textuelles à des représentations d'images et à générer des images correspondantes en utilisant l'attention et les techniques de génération probabiliste.
Apprentissage auto-supervisé	Une approche d'apprentissage où un modèle est formé à partir de données non étiquetées sans avoir d'informations explicites sur les réponses attendues. Dans le cas de DALLE, l'apprentissage auto-supervisé est utilisé pendant le pré-entraînement pour apprendre des représentations utiles et générales.
Transformers	Une architecture de réseau neuronal basée sur l'attention, utilisée dans DALLE, qui a révolutionné le traitement du langage naturel. Les Transformers permettent de capturer les relations contextuelles à longue distance dans les données, ce qui les rend adaptés à la génération d'images basée sur le texte.

Glossaire technique pour Prompt

Prompt	Le terme "Prompt" en anglais peut avoir plusieurs significations en fonction du contexte. En matière d'intelligence artificielle, le terme "Prompt" peut être traduit par "invite" ou "proposition".

	En général, il s'agit d'une phrase ou d'un court texte donné en entrée à un modèle de langage pour générer une réponse ou une suite de texte. Dans le domaine de l'AI textuelle, un Prompt peut être considéré comme une question, une requête, une consigne ou une suggestion qui est soumise à un algorithme de traitement de langage naturel pour produire une réponse cohérente. Par exemple, dans le cadre d'une conversation avec un chatbot, l'utilisateur peut entrer une phrase ou une question dans une boîte de dialogue. Cette entrée peut être utilisée comme Prompt pour le modèle de langage qui générera ensuite une réponse en utilisant l'apprentissage automatique pour comprendre le contexte et le ton de la question posée. Le choix du Prompt est crucial pour obtenir une réponse pertinente et cohérente de l'IA, et peut nécessiter un certain niveau de compétence en matière de formulation de questions et de contexte.

Glossaire technique pour Microsoft Teams

Microsoft Teams	Une plateforme de communication collaborative développée par Microsoft, qui permet aux équipes de travailler ensemble, de communiquer, de partager des fichiers et de collaborer à distance. Teams propose des fonctionnalités telles que les appels audio et vidéo, les chats, les réunions en ligne et l'intégration avec d'autres outils Microsoft.
Canal (Channel)	Un espace de discussion dans Microsoft Teams où les membres d'une équipe peuvent collaborer sur des projets, partager des informations et échanger des idées. Les canaux peuvent être organisés par thèmes, projets ou départements, permettant ainsi une communication ciblée.

Chat	Une fonctionnalité de Microsoft Teams qui permet aux utilisateurs d'échanger des messages instantanés avec d'autres membres de leur équipe. Les chats peuvent être privés, entre deux personnes, ou publics, au sein d'un canal. Les utilisateurs peuvent également partager des fichiers, des liens et des emojis dans les chats.
Réunion (Meeting)	Une fonctionnalité de Microsoft Teams qui permet aux utilisateurs de planifier et de rejoindre des réunions virtuelles. Les réunions peuvent inclure des appels audio et vidéo, le partage d'écran, le partage de fichiers et des fonctionnalités de collaboration en temps réel. Les utilisateurs peuvent inviter des participants internes ou externes à rejoindre les réunions.
Équipe (Team)	Une unité de travail dans Microsoft Teams qui regroupe des membres autour d'un projet, d'un service ou d'un département spécifique. Une équipe peut avoir plusieurs canaux pour organiser la communication et la collaboration. Les membres d'une équipe peuvent partager des fichiers, discuter et travailler ensemble sur des tâches communes.
Intégration	La capacité de Microsoft Teams à se connecter et à interagir avec d'autres applications et services. Les intégrations permettent aux utilisateurs d'accéder à des fonctionnalités supplémentaires, de partager des informations et d'automatiser des processus en utilisant des applications tierces directement depuis Teams.
Gestionnaire d'équipe (Team Owner)	Un rôle attribué à un membre d'une équipe dans Microsoft Teams, qui a des privilèges administratifs et de contrôle sur la gestion de l'équipe. Les gestionnaires d'équipe peuvent ajouter ou supprimer des membres, gérer les autorisations, créer des canaux et gérer les paramètres de l'équipe.

Wiki	Un espace où les membres de l'équipe peuvent collaborer pour créer une base de connaissances.
Bot	Un programme automatisé qui peut effectuer certaines tâches dans Teams, comme planifier des réunions ou répondre à des questions.
Guest	Un utilisateur externe invité à rejoindre une équipe ou un canal spécifique.

XIV. Les sites de références et leurs urls

GitHub - openai/gym: A toolkit for developing and comparing reinforcement learning algorithms. https://github.com/openai/gym

Gymnasium Documentation https://gymnasium.farama.org/

Intelligence artificielle : cauchemar ou révolution ? / La guerre de la désinformation - https://www.radiofrance.fr/franceculture/podcasts/l-esprit-public/intelligence-artificielle-cauchemar-ou-revolution-la-guerre-de-la-desinformation-8966189

Planning for AGI and beyond - https://openai.com/blog/planning-for-agi-and-beyond/

Chat GPT AI | Facebook - https://www.facebook.com/openai.GPTa

Rechercher « OpenAI » - https://azure.microsoft.com/fr-fr/search/?q=OpenAI&docsids=

International ChatGPT Community | Facebook - https://www.facebook.com/groups/661035522370697

Bing : Microsoft tease les prochaines nouveautés de la version ChatGPT - https://www.01net.com/actualites/bing-microsoft-tease-les-prochaines-nouveautes-de-la-version-chatgpt.html

ChatGPT Prompts - https://www.facebook.com/groups/854072165702956

Microsoft Bing : ChatGPT dévoile son alter ego maléfique, Venom - https://www.01net.com/actualites/microsoft-bing-chatgpt-alter-ego-malefique-venom.html
www.01net.com

OpenAI - https://github.com/openai/

GPT-3 : comment générer du texte grâce à l'intelligence artificielle d'OpenAI - Numerama
https://www.numerama.com/tech/1195664-openai-comment-generer-du-texte-grace-au-modele-de-langage-gpt3.html

Digital Growtth, Author At Digital Growth - https://digitalgrowtth.com/author/digitalgrowtth/

DALL·E (openai.com) - https://labs.openai.com/

ChatGPT | OpenAI Help Center - https://help.openai.com/en/collections/3742473-chatgpt

CODEX - https://help.openai.com/en/articles/5480054-understanding-codex-training-data-and-outputs , https://help.openai.com/en/articles/6195637-getting-started-with-codex , https://platform.openai.com/docs/models/gpt-3

OpenAI API - https://platform.openai.com/codex-javascript-sandbox

Microsoft dévoile une étude mondiale sur l'impact de l'IA au travail : 60% des salariés français prêts à utiliser l'IA au quotidien.
https://news.microsoft.com/fr-fr/2023/05/09/microsoft-devoile-une-etude-mondiale-sur-limpact-de-lia-au-travail-60-des-salaries-francais-prets-a-utiliser-lia-au-quotidien/

XV. Qui sont les co-auteurs ?

Tous sont co-auteurs et auteurs de plusieurs livres, articles, formations, études et vidéos.

MVP (Most Valuable Professional) est décerné par Microsoft aux personnes qui ont fait preuve d'une contribution exceptionnelle à la communauté Microsoft en partageant leur expertise et leur passion pour les technologies Microsoft.

Le statut de MVP est accordé pour une année à la fois et est renouvelable. Les MVP ont accès à des avantages tels que des invitations à des événements exclusifs, des formations et des supports techniques privilégiés.

Passionné des produits et services Microsoft depuis toujours, Kévin TRÉLOHAN créé son entreprise Modernize en 2020, après un parcours au sein d'entreprises du secteur numérique pour des clients grand comptes. Fort d'une expérience de plus de 20 ans sur les produits Microsoft, et dans l'IT en général, il obtient son statut MVP en juillet 2012. L'entreprise Modernize se spécialise sur l'offre Microsoft 365, et plus particulièrement sur Microsoft Teams, SharePoint et Outlook. Son expertise est reconnue et appréciée.

Pour en savoir plus

- https://www.linkedin.com/in/kevintrelohan/
- https://www.facebook.com/trelohan.kevin
- https://twitter.com/ktrelohan
- https://sessionize.com/kevintrelohan/
- https://www.modernize.fr

Pierre Erol GIRAUDY est un membre de Microsoft Windows Insider et O365, EDGE et BING, il est aussi consultant en veille technologique, et membre fondateur du Club d'IA UGAIA en Andorre et du club AIDAUG aux USA, c'est un groupe mondial d'utilisateurs pour l'intelligence artificielle, les données et l'analyse.

Il a été président du club SharePoint France (UGSF - UGSM) et a été consultant et formateur en TIC dans des sociétés spécialisées dans l'implantation de solutions Microsoft Office SharePoint Server et en Gouvernance de Projets. Il a également été MVP SharePoint.

Pour en savoir plus :
- http://about.me/giraudyerol
- https://larselesrse.blogspot.com/
- https://a.co/d/cJP0jlu
- https://aidaug.org/
- https://www.ugaia.eu

Nabil BABACI est avant-tout un passionné de technologies. Il a été auteur, conférencier, ancien MVP SharePoint, Consultant et Entrepreneur sur des domaines d'innovation allant des Smart Cities au développement de plateformes Big Data, Cloud, IOT et AI pour des consortiums Européens. Il occupe actuellement un rôle stratégique chez Hewlett-Packard Enterprise en qualité de Regional Category Manager pour la région Central Europe.

Pour en savoir plus :
https://www.linkedin.com/in/nabilbabaci/

Frank POIREAU Manager de l'offre Microsoft 365 Practices chez HumanTech Partners Luxembourg. Microsoft Modern WorkPlace : Microsoft 365, Microsoft Teams, Powerplatform, SharePoint, Stream, Yammer… Mon rôle : faire faire des économies à mes clients en privilégiant l'adoption, en construisant avec eux des solutions fonctionnelles via les paramétrages avancés avant d'envisager des développements complémentaires sur SharePoint, Power Platform, Teams… pour collaborer toujours plus efficacement, gérer et partager l'information et la connaissance… J'interviens au Luxembourg, en France, en Belgique (dans toute la francophonie !) pour mettre en place les meilleures conditions pour assurer la gouvernance des utilisateurs et des contenus : formation, coaching, conduite du changement, conseils en gouvernance… Auteurs de plusieurs livres sur SharePoint et Teams. Formateur, coach, consultant en conduite du changement et en gouvernance. Je partage mon expérience au sein des événements des communautés Microsoft, avec récemment l'obtention de la reconnaissance en tant que Microsoft M.V.P.

Pour en savoir plus :

- https://www.adopteunsharepoint.com/
- http://www.adopteunteams.com
- https://www.adopteunsharepoint.com/ma-bibliotheque-en-ligne

Etienne LEGENDRE Après quelques années passées chez Microsoft France, Etienne Legendre s'est lancé en Auvergne Rhône-Alpes dans une carrière de consultant-formateur indépendant, en soutien des partenaires Microsoft de la région pour les épauler en formation et en consulting sur les projets de gestion de la connaissance et la promotion des produits Microsoft avec un axe important sur les produits et technologies SharePoint et Microsoft 365. Etienne a été MVP SharePoint Server entre 2004 et 2017. Cette distinction lui permettant une meilleure qualité de service car proche de l'éditeur et de ses roadmaps produits. Il est actuellement MVP ALUMNI. Le tout en préservant un peu de temps pour une autre activité professionnelle bien différente.

Pour en savoir plus :

https://www.elcondor.fr

Nils HAMEL Exerçant depuis plus de 25 ans dans l'informatique, Nils a occupé différents postes. Au début de sa carrière, il a proposé le premier service de dépannage et de formation informatique à domicile, sur Nantes et sa périphérie. L'entreprise fonctionnait bien mais l'optique de travailler avec des équipes plus grandes, des topologies de clients plus variées et des challenges plus ambitieux ont décidé d'un changement de cap. Employé en qualité de technicien support et de proximité, le profil a évolué vers chargé de clientèle. Baigné depuis toujours dans les produits et services Microsoft, il intègre la société Modernize en qualité de consultant Microsoft 365, et obtient sa première certification en 2023. Durant toutes ces années, il est également intervenu comme formateur en entreprises, centres de formation et écoles du numérique. Ces différents aspects du métier lui ont permis de construire une vision à... 365 degrés !

Son credo : bâtir, entretenir des relations durables et de confiance avec les clients en proposant des solutions pertinentes et fiables.

[i] La présence de ce petit robot est une obligation légale en ce qui concerne ChatGPT : https://openai.com/brand#usage-terms
Microsoft Trademark and Brand Guidelines, thank you for helping us protect our trademarks and brand assets. À partir de l'adresse :
https://www.microsoft.com/en-us/legal/intellectualproperty/trademarks

[ii] Microsoft et OpenAI : Une nouvelle ère pour l'intelligence artificielle
https://experiences.microsoft.fr/articles/intelligence-artificielle/microsoft-et-openai-lintelligence-artificielle-entre-dans-une-nouvelle-ere/

Microsoft and OpenAI extend partnership - The Official Microsoft Blog
https://blogs.microsoft.com/blog/2023/01/23/microsoftandopenaiextendpartnership/

[iii] Site officiel de TensorFlow https://www.tensorflow.org/
GitHub de TensorFlow https://github.com/tensorflow/tensorflow

[iv] Microsoft *Copilot A Whole New Way of Working (microsoft.com)*
https://www.microsoft.com/en-us/worklab/ai-a-whole-new-way-of-working

[v] Satya Nadella Says AI Golden Age Is Here and 'It's Good for Humanity' > Press releases | World Economic Forum (weforum.org)
https://www.weforum.org/press/2023/01/satya-nadella-says-ai-golden-age-is-here-and-it-s-good-for-humanity

[vi] Introducing a big update to Windows 11 making the everyday easier including bringing the new AI-powered Bing to the taskbar | Windows Experience Blog
https://blogs.windows.com/windowsexperience/2023/02/28/introducing-a-big-update-to-windows-11-making-the-everyday-easier-including-bringing-the-new-ai-powered-bing-to-the-taskbar/

[vii] Un lauréat du Nobel de littérature avoue utiliser ChatGPT contre la page blanche - Numerama
https://www.numerama.com/tech/1383984-un-laureat-du-nobel-de-litterature-utilise-chatgpt-contre-la-page-blanche.html

[viii] GPT-4 montrerait des « signes de raisonnement similaire à l'humain » selon Microsoft - Numerama
https://www.numerama.com/tech/1378216-gpt-4-montrerait-des-signes-de-raisonnement-similaire-a-lhumain-selon-microsoft.html

[ix] Build 2023 : Microsoft met l'IA à la portée de tous – News Centre
https://news.microsoft.com/fr-fr/2023/05/23/build-2023-microsoft-met-lia-a-la-portee-de-tous/

[x] Formatting changes for Microsoft Viva Amplify - Private preview
https://learn.microsoft.com/en-us/sharepoint/viva-amplify

[xi] Incorporation de l'intelligence artificielle dans Excel – 4 nouvelles fonctionnalités annoncées ce jour à la conférence Ignite
https://www.microsoft.com/fr-fr/microsoft-365/blog/2018/09/24/bringing-ai-to-excel-4-new-features-announced-today-at-ignite/

[xii] Introducing Copilot in Power Pages
https://www.youtube.com/watch?v=oZvxjEoTlfU&list=PLotnXcS-vZ_XquxdIdg4dvl1HPWHsFQCV&index=33

[xiii] Artificial Intelligence Index Report 2023 https://aiindex.stanford.edu/wp-content/uploads/2023/04/HAI_AI-Index-Report_2023.pdf

[xiv] Conseils de la recherche Google concernant le contenu généré par IA | Blog Google Search Central | Google Developers
https://developers.google.com/search/blog/2023/02/google-search-and-ai-content?hl=fr

[xv] Bard : voici l'intelligence artificielle de Google, concurrente de ChatGPT | CNEWS https://www.cnews.fr/vie-numerique/2023-03-22/bard-voici-lintelligence-artificielle-de-google-concurrente-de-chatgpt

[xvi] Announcing new generative AI experiences in Google Workspace | Google Workspace Blog https://workspace.google.com/blog/product-announcements/generative-ai?hl=en

xvii   https ://www.journaldugeek.com/2023/02/16/ia-le-nouveau-modele-de-langage-damazon-sannonce-bluffant/ ?fbclid=IwAR1yBmYj1Um5Ln72GugU46DnAbag5eleMfQ6qcxLMwh_LqbHSzRucbNK6uQ

xviii https://fr.wikipedia.org/wiki/Hallucination_(intelligence_artificielle)

xix [2302.00923] Multimodal Chain-of-Thought Reasoning in Language Models (arxiv.org) https://arxiv.org/abs/2302.00923

xx GitHub - amazon-science/mm-cot: Official implementation for "Multimodal Chain-of-Thought Reasoning in Language Models" (stay tuned and more will be updated)
https://github.com/amazon-science/mm-cot

xxi https://crfm.stanford.edu/report.html

xxii   https://www.gartner.com/en/doc/emerging-technologies-and-trends-impact-radar-excerpt

xxiii Régulation de nos vies numériques : le temps est à la parole, il n'est plus aux "belles paroles" Cercle K2 - Cercle K2 (cercle-k2.fr) https://cercle-k2.fr/etudes/regulation-de-nos-vies-numeriques-le-temps-est-a-la-parole-il-n-est-plus-aux-belles-paroles

xxiv   https://fortune-com.cdn.ampproject.org/c/s/fortune.com/2023/03/09/new-ai-jobs-chatgpt-like-assistants/amp/

xxv   https://www.ifri.org/fr/publications/publications-ifri/articles-ifri/entre-guerre-recherche-maitriser-technologies-critiques#:~:text=Le%20r%C3%B4le%20historique%20du%20militaire,prestige%2C%20et%20d'ind%C3%A9pendance.

xxvi   https://www.opex360.com/2023/02/14/une-intelligence-artificielle-a-pris-les-commandes-dun-f-16-de-lus-air-force-pour-la-premiere-fois/

xxvii   https://www.defense.gouv.fr/dga/actualites/lancement-realisation-du-projet-artemisia-solution-traitement-massif-donnees-dintelligence [xxviii] https://www.europarl.europa.eu/news/fr/headlines/society/20200918STO87404/intelligence-artificielle-opportunites-et-risques

[xxix] Citation de Joel   https://www.latribune.fr/opinions/tribunes/changer-d-ere-en-2020-ruptures-et-renaissance-863706.html?s=09

[xxx] Infographie : le marché des chatbots en 2023
https://comarketing-news.fr/infographie-le-marche-des-chatbots-en-2023/

[xxxi] Bloomberg développe le ChatGPT du monde financier - Capital.fr
https://www.capital.fr/entreprises-marches/bloomberg-developpe-le-chatgpt-du-monde-financier-1465267

[xxxii] JPMorgan developing ChatGPT-like A.I. investment advisor (cnbc.com)
https://www.cnbc.com/2023/05/25/jpmorgan-develops-ai-investment-advisor.html

[xxxiii] Prévisions 2023 : Intelligence artificielle (forrester.com)
https://reprints2.forrester.com/#/assets/2/108/RES178186/report

[xxxiv] Renforcez la confiance des intervenants dans l'intelligence artificielle
https://www.forrester.com/report/title/RES177802

Prévision internationale des logiciels d'IA, 2022
https://www.forrester.com/report/global-ai-software-forecast-2022/RES178146

Panorama des fournisseurs de services d'IA, T3 2022
https://www.forrester.com/report/the-ai-service-providers-landscape-q3-2022/RES177736

[xxxv] Boîte à outils pour passer au numérique OECD Going Digital Toolkit
https://goingdigital.oecd.org/

[xxxvi] A Psychologist Explains How AI and Algorithms Are Changing Our Lives - WSJ
https://www.wsj.com/articles/algorithms-ai-humanity-psychology-ebf1364c?mod=e2fb&fbclid=IwAR0B8qNocWBNKLIdYd-ClvPE4VCw_4rxL540UmEQAG53sbwVuuLCYx-

zz20_aem_AdwOUtNvC0RegobrtRewynLlSnBP3r4eo9NGSj8xh0GVkNqofTOe5T8_ojrtT43d4cl-36CUQh48BV0OvJ5SiQHjhS09qr2gdKgswyRH1OUuOtcZHusPrBHIutxX46cslL8

[xxxvii] Les Droits Humains contre les Droits de l'Homme ? Cercle K2 - Cercle K2 (cercle-k2.fr)   https://cercle-k2.fr/etudes/les-droits-humains-contre-les-droits-de-l-homme

[xxxviii] https://commission.europa.eu/strategy-and-policy/priorities-2019-2024/europe-fit-digital-age/european-data-strategy_fr

[xxxix] "Systèmes d'IA à usage général" (GPAIS). https://papers.ssrn.com/sol3/papers.cfm?abstract_id=4423706

[xl] The Act | The Artificial Intelligence Act https://artificialintelligenceact.eu/the-act/

 FIN.

A bientôt dans le tome 2.

Vous avez vu mes réponses, mais sont-elles bien de moi ChatGPT ?

Seul les auteurs le savent…

Sommaire :

I.	Introduction	7
II.	Historique des GAFAM selon ChatGPT©	13
III.	Microsoft© et OpenAI©	23
IV.	Bing© et Edge© avec ChatGPT©	26
V.	DALL-E©, Designer© et Create©	58
VI.	Copilot©	79
VII.	Microsoft Teams, SharePoint, Loop et les autres !	94
VIII.	La conception de solutions : de Power Platform à AZURE AI en passant par les outils de développeur (Github et Visual Studio)	124
IX.	Les autres solutions d'IA des GAFAM	152
X.	Les effets de cette technologie sur l'économie	170
XI.	Les métiers de l'IA et ses applications	180
XII.	Conclusions et réflexions	201
XIII.	Glossaire	212
XIV.	Les sites de références et leurs urls	221
XV.	Qui sont les co-auteurs ?	223